The Wonderland of Oracle Cards

いちばんていねいな、オラクルカード

LUA
大塚和彦

日本文芸社

THE WONDERLAND OF ORACLE CARDS

Contents

6 **Message from LUA**

8 パートナーカードに出会いましょう

Part 1

あなたに寄り添うパートナーカード

16 オラクルカードにふれてみましょう

18 カラー・カード 色に隠された秘密の言葉
20 アロマフェアリーカード
22 アカシックレコードカード
24 インナーチャイルドカード
26 ウィズダムオラクルカード
28 歌占カード 猫づくし
30 エンジェルアンサーオラクルカード
32 エンジェルオラクルカード
34 エンジェルプリズムカード
36 奥平亜美衣の あなたが本当に
　　幸せになる引き寄せカード
38 カエルカード
40 ギャラクシーオラクルカード
42 サイキックタロットオラクルカード
44 ザ・マップ オラクルカード
46 シャドウ&ライトオラクルカード
　　〈レッドエディション〉

48 スピリットアニマルオラクル
50 Dr. チャック・スペザーノの
　　セルフ・セラピー・カード
52 日本の神様カード
54 日本の密教カード
56 日本の妖怪カード
58 ネイティブスピリットオラクルカード
60 バガヴァッドギーターカード
62 パスオブザソウル 運命のオラクルカード
64 プトレマイオス式 星座オラクルカード
66 Flower message Oracle card
68 レインボーエンジェルズクリスタルカード
70 ロータスカード
72 ワークユアライトオラクルカード
74 ワイルドアンノウンアニマルスピリット
76 ハウトゥーラブユアセルフカード

78 ｜ LUA'S COLUMN ｜ いつも、もうひとつの未来を探しましょう

Part 2 オラクルカードをはじめましょう

- 80 オラクルカードを読み解けるようになるには？
- 82 プロフェッショナルに聞く読み解きのコツ
- 84 慣れるまで実践をくりかえしましょう
- 86 自分をクリアな状態にしましょう
- 88 グラウンディングでステップアップ
- 90 日常生活を整えましょう

- 92 | LUA's COLUMN | 人と違うものを選んで思考をスイッチ

Part 3 実践 オラクルカードリーディング

- 94 基本のつかいかたではじめてみましょう
- 96 モヤモヤを晴らすセルフフリーセッション
- 98 今の自分の状態を探るフィーリングオラクル

Reading LOVE&LIFE

- 100 Lesson 01 友人から告白されたけどつきあうか迷っています。 なにが心に引っかかっているのでしょう？
- 102 Lesson 02 自分は一生、独身でもよいのに親に理解してもらえません。 どう伝えたらよいですか？
- 104 Lesson 03 彼と結婚したいと思うけど浪費家なところが気になって…… 本当に結婚してもよいでしょうか？
- 106 Lesson 04-1 気のあるそぶりをみせてくる人がいます。 どうすれば本心を聞き出せますか？
- 107 1枚引き足します
  Lesson 04-2 彼とつきあいたいけど最初の一歩が踏み出せません。 私に足りないものはなんですか？
- 108 Lesson 05-1 一緒にいて楽しいけど好きなのかわからない人がいます。 この気持ちはなんですか？
- 109 1枚引き足します
  Lesson 05-2 相手への恋愛感情を自覚しました。 この恋はどうなっていきそうですか？

Reading WORK&MONEY

110	Lesson 01	絶対に成功させたい新しい企画があります。 どうブラッシュアップすべきですか？
112	Lesson 02	ずっと憧れているマイホームの購入を検討中です。 いつ購入したらよいですか？
114	Lesson 03	仕事がマンネリに陥っています。 モチベーションを上げるにはどうしたらよいですか？
116	Lesson 04-1	副業や転職を考えているんだけど どんな仕事が自分に向いていますか？
117	**1枚引き足します** Lesson 04-2	1枚目で導かれた職種からさらに絞りこむとしたらなにがよいでしょう？

Reading HEALTH&BEAUTY

118	Lesson 01	体は元気だけど、心の元気がなくて…… パワーをとりもどすにはなにをしたらよいですか？
120	Lesson 02	自信をもつためにスタイルをよくしたいです。 どこに磨きをかけるとよいですか？
122	Lesson 03	最近体調がすぐれません。 生活習慣を改善したいけどなにからはじめればよいですか？
124	Lesson 04	イメチェンしたいです！ 人にどう思われるか心配だけどなにをすればうまくいきますか？
126	Lesson 05	気になる基礎化粧品があるけど購入すべきか悩んでいます。 つかったら効果がありますか？

Reading RELATIONSHIP

128	Lesson 01	友だち同士がケンカをしてしまい 仲を取りもちたいのですがどうすればよいですか？
130	Lesson 02	ご近所からよく話しかけられるせいで人の目が気になってしまいます。 どうつきあえばよいでしょう？
132	Lesson 03	ひと言多い同僚についイライラ。 感情をコントロールするにはどうしたらよいですか？
134	Lesson 04	人見知りなのが悩みです。 どうすれば人と話すときに緊張がやわらぎますか？
136	Lesson 05	子どもをうまく叱れなくてわかってもらえず、困っています。 どのように伝えたらよいですか？

Reading DAILY

| 138 | Lesson 01 | 仕事で失敗が続き休日なのに気分が晴れません……
気分転換になにをすればよいでしょう？ |

140	Lesson 02	何度トライしても料理をするのが苦手…… どうすればじょうずになれますか？
142	Lesson 03	週末の予定を決めたい！ 外出したほうがよいでしょうか？　それとも家にいるべき？
144	Lesson 04-1	明日は友だちと会う予定です。 せっかくおしゃれするなら着ていく服はなにがよいですか？
145	1枚引き足します Lesson 04-2	場合によっては友だちの家に泊まるかも。どんな着がえを用意するべき？

Reading OTHERS

146	Lesson 01	毎日忙しくて充実感はあるけどふりかえる時間がありません。 今の自分はどのような状態でしょうか？
148	発展／2枚引き Lesson 02	引越し先で迷っています。Aは理想的だけど予算オーバー、 Bは予算内だけど少し不便な立地。どちらを選べばよいですか？
150	発展／2枚引き Lesson 03	英会話を勉強しているけど上達しなくて…… 現在の状況と勉強を続けた未来はどうなりますか？
152	発展／3枚引き Lesson 04	久しぶりに友人と3人で食事へ。 場所を任されて候補を考えたけどここで全員楽しめますか？
154	発展／3枚引き Lesson 05	今週をのりきるために今日をどんな一日にすればいいでしょうか？
156	発展／5枚引き Lesson 06	今年の流れが知りたいです。どうすれば充実しますか？
158	発展／7枚引き Lesson 07	明日は月曜日。今週はどんな1週間？　なにに注意すればよいですか？
160	LUA'S COLUMN	あなただけのスペシャルカレンダーをつくってみましょう

Special Content

161	**スピリチュアル用語ガイド**
182	**オラクルカードのQ&A**
189	**オラクルカード掲載協力店リスト**
190	**Message from 大塚和彦**

Message FROM **LUA**

オラクルカードは
悩みを明らかにして
あなたを身軽にしてくれるパートナーです

この決断で本当によいのか迷ったり、もっとよいアイデアがあるのではと決断できなかったり。とりたてて不満があるわけでもなく、むしろ幸せなはずなのに、なぜか気持ちがモヤモヤする……。私たちはこうした思いをかかえながら生きています。

人生の岐路に立ったときや、大勝負にかけようとするときにかぎらず、日々、些末なことで心を揺らし、迷い悩むことは誰にでもあるもの。不安や課題は、どんな人にもつきまといます。

適切なアドバイスを聞いても、素直に耳を貸せないこともあるでしょう。誰とも会いたくない気持ちになってしまうこともありますよね。

そんなときに、オラクルカードがあります。

カードからのメッセージは、自分を客観的にみつめなおしたり、新しい視点が生まれたりするヒントになるでしょう。

オラクルカードを引くと、必要な瞬間にアドバイスを受け取ることができます。プライベートを人に知られることなく、問題を解決し、気持ちの整理をしやすくなるのです。

これから詳しくお話ししていきますが、オラクルカードには、様々な種類と特長があり、それぞれに考えかたや教えなどの世界観があります。どれを選べばよいのかわからないということもあるはずです。そんなときは、診断テストが心強いガイドとなって、今のあなたにぴったりの「パートナーカード」と出会わせてくれるでしょう。

本書では、数あるオラクルカードのなかから30種を、ポイント、サンプルとともに紹介し、あなたのタイプにあわせたパートナーカードを導きます。読み解き例とあわせて、あなたにこたえてくれるオラクルとの出会いにお役立てください。

オラクルカードにこめられた世界観や情報から、未来への気づきや学びへのヒントがみつかることもあります。オラクルを通じて広がる視野が、人生に大発見をもたらすこともあるかもしれません。また、今までつかえていなかった直感力を養って、生きやすくなることもあるでしょう。

パートナーカードと出会って、背負いすぎていた肩の荷をおろしませんか。もっと身軽に、心地よく生きていきましょう。

本書を手にしたあなたが、より楽しい毎日を過ごすことに貢献できれば本望です。

LUA

Partner Card

パートナーカードに
出会いましょう

数あるオラクルカードから、いったいどれを選べばよいのでしょう。
オラクルカードにも相性があります。あなたに寄り添い、しっくりくる
メッセージを授けてくれるカードが、あなたの「パートナーカード」です。
心理テストであなたのタイプを探り
今、求めているパートナーカードを導きだしましょう。

TEST 1

2枚のカードから気になるほうの絵を選んで、指定された番号へ進みましょう。
コツは頭で考えずに直感で選ぶこと。選択に迷ったときは
「どちらかといえば」で決めてください。最後に出てくるアルファベットと
TEST 2 の結果をもとに、p12で診断を行います。

5
10 : EUCALYPTUS:
DECISION AND SELECTION
➡ 8 へ

自由
モークシャ
➡ 9 へ

6
RETREAT
➡ 9 へ

HIGHER POWER
➡ 10 へ

7
BRILLIANCE
ブリリアンス/光武
自分の輝きを発揮する
26
➡ 11 へ

13
HOLDING ON
RELATIONSHIP
執着
➡ 12 へ

8
➡ 12 へ

33
不染世間法 娜逸単在水
➡ 13 へ

9
文殊師利菩薩
➡ 13 へ

Stay natural
➡ 14 へ

10
18
DEER SPIRIT
Bring a gentle touch.
➡ 14 へ

1
AWARENESS
➡ 15 へ

11
Infinity
無限
26
可能性は無限！ どんな状況に置かれても、
自分の中に存在する叡智を信じて行動する
あなたは 惚れ惚れするほどパワフル。
➡ A

Listening
聴く
33
心の声が聞こえますか？しばしば頭で考えるのを
やめて、ただ内なる声に耳を傾けましょう。
静寂を取り戻したあなたには ゆとりが。
➡ B

12
26 : JASMINE:
ATTRACTIVE WOMAN
➡ C

聖観自在菩薩
➡ D

13

→ **E**　→ **F**

14

OPPORTUNITY

→ **G**　→ **H**

15

→ **I**　→ **J**

TEST **2**

10個の質問でもう少し詳しくあなたのことを探ります。
あなたの気持ちに近いほうを選んで、チェックしましょう。
答えの **A** は1点、**B** は10点として合算します。
TEST **1** のアルファベットとともに、p12の診断を行います。

Q1

旅行しようと思ったら？

A 事前に調べて計画を立てる　☐

B 当日、直感や気分で決める　☐

Q2

身に覚えのないことで非難されたら？

A その場で反論する　☐

B 驚いてなにもいえない　☐

Q3
混雑したパーティー。
最初にあなたが探すのは?

A 知り合い ☐

B いす ☐

Q4
前世についてどう思う?

A ない、
もしくはあるかもしれない ☐

B ある。覚えている ☐

Q5
楽しみな予定がある日。
でも、朝から不吉な胸騒ぎが。
どうする?

A 用心しながら出かける ☐

B 予定をキャンセルする ☐

Q6
好きではじめた習いごと。
1年たっても
上達しなかったら?

A やりかけたことだから続ける ☐

B 向いていないので諦める ☐

Q7
この時代に
生まれてきたことを
どう思っている?

A 違和感がある ☐

B 意味があると思う ☐

Q8
計画がうまくいかなかったら
どうする?

A もう一度チャレンジ ☐

B 計画をかえる ☐

Q9
はじめてきた場所なのに
なつかしい気分。
それはどうしてだと思う?

A デジャヴ(既視感)だと思う ☐

B 縁があると思う ☐

Q10
ふと夜空をみあげたとき
あなたの気持ちに近いのは?

A もうこんな時間 ☐

B なんだか切ない ☐

あなたはどのタイプ？

TEST 1のアルファベットとTEST 2の合計点を、下の表に照らし合わせタイプを診断します。各タイプに相性のよいカードを紹介していますので「PART 1 あなたに寄り添うパートナーカード」(p15〜)でチェックしましょう。

TEST 1の結果		A	B	C	D	E	F	G	H	I	J
TEST 2の結果	10〜45点										
	46〜70点										
	71〜100点										

知的好奇心タイプ

　あなたは「人生は学びの連続」と考え、常に新しい知識や情報にふれていたいと願う人ではないでしょうか。自分自身のアップデートを怠らない、進取の気性に富んでいます。知的好奇心にあふれ、一方で、ものごとのルーツを探り、歴史を学び、知識を掘り下げる勉強家でもあります。

❋ そんなあなたには
ウィズダムオラクルカード p26
歌占カード 猫づくし p28
カエルカード p38
日本の密教カード p54

真実探求タイプ

　あなたは、常にものごとの本質と向き合い、人間や人生、命とはなにかを追求したいと思っているようです。表面的な情報を得るだけでは満足できず、納得するまで探求を続ける人でしょう。観察力と洞察力を備えたあなたは、あらゆることに真実を探し求めるタイプです。

❋ そんなあなたには
ウィズダムオラクルカード p26
ザ・マップオラクルカード p44
シャドウ＆ライトオラクルカード＜レッドエディション＞ p46
バガヴァッドギーターカード p60
ロータスカード p70

個性尊重タイプ

　あなたは、多様性を愛し、個性や考えかたの違いを尊重したいと願っているのではないでしょうか。オリジナリティを大切にするため、画一的なファッションや趣味に染まらないように気をつかっているのでは。個性をみがいて輝かせることで毎日が豊かになることを証明できる人です。

✻ そんなあなたには

カラー・カード　色に隠された秘密の言葉 p18
シャドウ&ライトオラクルカード<レッドエディション> p46
日本の妖怪カード p56
バスオブザソウル p62
ハウトウラブユアセルフカード p76

 ## セラピストタイプ

　あなたは、人間の心の奥をみつめ、ていねいにひも解いていきたいと考えているのではないでしょうか。自分の心の波を静かに観察できる人でもあります。心理学やメンタルヘルスにも関心が高く、自分や他人の傷ついた心を癒やしたり、健やかに導いたりする力をもっています。

✻ そんなあなたには

カラー・カード　色に隠された秘密の言葉 p18
インナーチャイルドカード p24
カエルカード p38
Dr.チャック・スペザーノのセルフ・セラピー・カード p50
ハウトウラブユアセルフカード p76

 ## ていねいに生きるタイプ

　あなたの心には優しい世界が広がっています。そして毎日を穏やかに過ごしたいと願っています。刺激があふれるような、あわただしい毎日には抵抗を覚えるはず。ハーブティーやアロマ、ハンドメイドなどを愛し、時間をかけて、ていねいに暮らしを整えると安心するのでは。

✻ そんなあなたには

アロマフェアリーカード p20
エンジェルプリズムカード p34
奥平亜美衣のあなたが本当に幸せになる引き寄せカード p36
Flower message Oracle Card p66

 ## ありのままに生きるタイプ

　あなたは、寛容で柔軟な心の持ち主でしょう。ポジティブな感情もネガティブ感情も大切な自分自身だから受け入れたいと思っているようです。あなたが自分のすべてをゆるし、受け入れた先には、本当の自由と豊かさがあるでしょう。そんなおおらかな精神でいることを目指しています。

✻ そんなあなたには

エンジェルアンサーオラクルカード p30
エンジェルオラクルカード p32
奥平亜美衣のあなたが本当に幸せになる引き寄せカード p36
ギャラクシーオラクルカード p40

 ## きずなと和を尊ぶタイプ

　あなたの心には、人を思いやるなごやかな気持ちがあふれています。日常生活でも安らぎに満ちた世界であってほしいと願っているでしょう。穏やかな性格のため、人には厳しさより優しさで接します。どんなときも人間らしさを愛し、人として道をはずれない生きかたを尊ぶ人といえます。

✻ そんなあなたには

Dr.チャック・スペザーノのセルフ・セラピー・カード p50
日本の密教カード p54
日本の妖怪カード p56
バガヴァッドギーターカード p60
ロータスカード p70

 ## 大地とともに生きるタイプ

　あなたは、豊かな自然にふれたり、大地にはだしで立ったりするとき、生きかえったような気持ちになるのではないでしょうか。人間も自然や地球の一部であるという意識をもっています。伝統的な儀式や生活のなかに息づいている深い知識を学び、自然とともに生きようとするタイプでしょう。

✻ そんなあなたには

スピリットアニマルオラクル p48
日本の神様カード p52
ネイティブスピリットオラクルカード p58
ワイルドアンノウンアニマルスピリット p74

パートナーカードに出会いましょう

感受性豊かなタイプ

　あなたは豊かな想像力と感受性を備えた人でしょう。その目には、色鮮やかな情景や多彩な世界が映っているはず。共感力が高く、人の心理を読み取ることも得意です。美しい物語や作品を好み、ふれることで、さらに実り多く、ぜいたくなものにかえていくことのできる人です。

＊ そんなあなたには

歌占カード 猫づくし p28
日本の妖怪カード p56
〈プトレマイオス式〉星座オラクルカード p64
Flower message Oracle Card p66
ワークユアライトオラクルカード p72

自己をみつめるタイプ

　あなたは、未知の場所を旅して、心を豊かに広げる人。あなたにとっては、世界に存在する聖なる場所を訪れることはもちろん、書物を読むことも瞑想をすることも、旅といえます。土地のエネルギーや人間が伝える知恵そして自分の内側をみつめることで、深い知識を吸収するタイプです。

＊ そんなあなたには

アカシックレコードカード p22
ザ・マップオラクルカード p44
日本の神様カード p52
ネイティブスピリットオラクルカード p58
レインボーエンジェルズクリスタルカード p68

神秘を読み解くタイプ

　あなたは、人生に起こるできごとには意味があると感じて日々を送っているのではないでしょうか。遭遇したできごとや、シンボリックなモチーフ、浮かんだヴィジョンなどからメッセージを受けとっているのでは。神秘学や魔術、神話などにも関心が高く、学ぶことも多いはず。

＊ そんなあなたには

インナーチャイルドカード p24
サイキックタロットオラクルカード p42
スピリットアニマルオラクル p48
〈プトレマイオス式〉星座オラクルカード p64
ワイルドアンノウンアニマルスピリット p74

愛の源を感じるタイプ

　あなたは、「すべての存在は愛」と感じているでしょう。この世界に闇や苦しみがあるのは、そこに愛というエネルギーが不足しているから。そう考えるあなたは、愛の存在である天使や女神、聖母などとつながりを求めあなた自身も愛にあふれた存在になりたいと願っているのでしょう。

＊ そんなあなたには

アロマフェアリーカード p20
エンジェルアンサーオラクルカード p30
エンジェルオラクルカード p32
エンジェルプリズムカード p34
ギャラクシーオラクルカード p40

宇宙意識とつながるタイプ

　あなたは「人類の知らない未知なる世界」を心のどこかで感じている人ではないでしょうか。今あなたが人として生きているのは、魂の学びのため。魂のレベルが上がる日のおとずれを予感しているかもしれません。高次の存在とつながりを求め、気やエネルギーなども感じているでしょう。

＊ そんなあなたには

アカシックレコードカード p22
サイキックタロットオラクルカード p42
パスオブザソウル p62
レインボーエンジェルズクリスタルカード p68
ワークユアライトオラクルカード p72

Part 1

あなたに寄り添う
パートナーカード

魅力的な個性が輝く
30種のオラクルカードを
特長やサンプルとともに
ご紹介します。
きっとあなたにぴったりの
カードと出会えるはずです。

オラクルカードに
ふれてみましょう

ここでは、30種類のオラクルカードを紹介。
際立った魅力をもつカードを幅広くカバーしました。
カードの特徴や個性はパッケージにある情報や簡単な説明だけでは
わかりにくいもの。気になるものがあったら、実際にふれてみて。
まずは難しく考えずに、カードの世界を体感してみましょう。

「今の状態」でカードを選びましょう

オラクルカードに親しんでいるうちに、普段はつかいやすいのに今日は読み
解けない、わかりやすいと思っていたのになぜか最近ピンとこない、なんてこと
があるかもしれません。「今のあなたの状態」によって、ふさわしいカードはかわ
るのです。

また、オラクルカードになれてくると、恋愛について聞くのはこれ、仕事につ
いて聞くのはこれ、とつかいわけたり、今日は優しいメッセージを授けてほしい、
今日は厳しくゲキを飛ばしてほしい、といった選びかたができたりするかもしれ
ませんね。

まずはカードとふれ合い、理解することが大切です。そして、パートナーカー
ドの診断（p8〜14）を何度でも試してみてください。少しずつ自分のパートナー
カードとのかかわりを深めていきましょう。

テスト結果以外のカードも読んでみましょう

導き出されたパートナーカード以外にも、気になるものがあるかもしれません。
「気になる」ということは、カードをつかうきっかけとして重要な意味をもちます。

PART1では、カードの紹介に加えて、いろいろな視点から解説していますか
ら、理解も深まるはず。くまなくチェックしてみてください。そして気になるものは、
ぜひつかってみましょう。

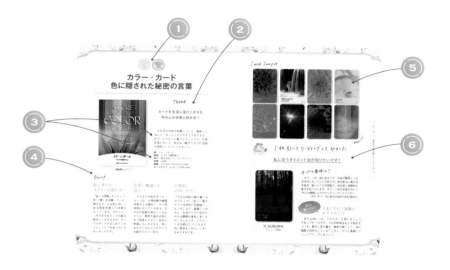

① タイプ別アイコン

p8〜14のテストで導き出される、パートナーカードとしておすすめのタイプです。ほかのタイプであっても、気になるカードがあればチェックしてみるとよいでしょう。

② テーマ

カードには、それぞれテーマが設定されています。ねらいを知ることで、「今の自分にぴったりなのはこのテーマ」という観点からも、カードを選べるようになるでしょう。

③ 基本情報

基本情報からつかいたいカードを探すのもおすすめ。自分がつかいやすいと感じたものと、著者やモチーフの雰囲気が同一のカードは、読み解きやすいかもしれません。

④ ポイント

千差万別のオラクルカードですが、それぞれどのように違っているのでしょう。とくにおすすめする特長を、3つ厳選してお伝えします。カード選びの参考にしましょう。

⑤ カードサンプル

パッケージでカードを決めたけど、開けたらピンとこなかったという経験はありませんか？ そんな人のために、特別にカードをおみせします。イラストからお気に入りを探してみて。

⑥ 読み解き例

選ぶカードによって、得られるオラクルも、大きく異なります。オラクルカード初心者に向けたリーディングをサンプルとして紹介し、各カードの特徴がわかるようになっています。

カラー・カード
色に隠された秘密の言葉

実践例 ▶ p132

Theme

カードを生活に溶けこませる
今の心の状態と向き合う

　それぞれの色や性質について、解説とともにメッセージとエクササイズをそえた、カラーセラピーに基づくカードです。日常生活において、色がもつ癒やしの力の活用を目的としてつくられました。

著　イナ・シガール
翻訳　ビズネア磯野敦子
発行　株式会社ナチュラルスピリット
枚数　45枚
価格　¥3,300（¥3,000+10%税）
カードサイズ　H126 × W89 [mm]

Point

初心者でも
オラクルを得やすい

　「赤」は情熱・ポジティブ・炎、「青」は冷静・クール・静かなど、人は色に対してある程度共通した印象をもっています。そのイメージをそのままカードの読み解きにいかせるため、オラクルカードをはじめてつかうという人でもあつかいやすいカードです。

色彩の勉強にも
役立つ

　それぞれの色がもつメッセージは、心理状態や健康状態などを幅広く、かつ具体的に示してくれます。今の心の状態を知ることはもちろん、解説を読めば色のもつ効果がわかり、色彩の勉強にもいかせます。色に合わせた心のエクササイズも紹介されています。

日常的に
活用しやすい

　「今日は何色の服を着て出かけようか」「友人へ贈るギフトは何色の包装紙にしようか」など、意識してみると、生活のなかで色がかかわる瞬間は意外と多いもの。そんなとき、このカードが手助けしてくれます。色に意味をこめたいときにもおすすめです。

Card Sample

MAGENTA マゼンタ／赤紫色 宗国な強さと受容し 5	BRILLIANCE ブリリアンス／光沢 自分の輝きを発見する 26	APRICOT アプリコット／あんず色 他者と分かち合い 20	LEMON レモン 本音的な差別をもたらす 23
AQUA アクア 子どもようなびさを忘れさ 33	BLUE 青 たしのパワーを発見すりいる 37	RED 赤 極んからの目にある 2	

裏面はこちら！

1枚引いて リーディング して みました

私に合うダイエット法が知りたいです！

カードの意味は？

オバーンは、地に足をつけ、宇宙の叡智（えいち）とつながるのにもってこいの色です。再生能力と集中力を高め、高いレベルの忍耐力、安定感と実際的な能力をもたらします。オバーン色の光線を用いて、「今この瞬間」にグラウンディングしてください。

「カラー・カード　色に隠された秘密の言葉」解説より

読み解くなら…

すあしで行う運動がおすすめです

足を大地につけ、エネルギーを感じましょう。すあしで行うヨガや、ヨガの呼吸法などが効きそうです。静かに落ち着き、精神を統一して。体の細胞が活性化していることをしっかりと意識して、シェイプアップしましょう。

AUBURN
オバーン／赤褐色
グラウンディングする　11

11.AUBURN
オバーン ／赤褐色

アロマフェアリーカード

実践例 ▶ p126

Theme

カードと香りをあわせて楽しみ
リラックス
愛の波動と光のエネルギーを
感じて

アロマテラピーがもつヒーリング効果や
スピリチュアル性をいかして、「本当の自分
らしさ、幸せな生きかた」を目覚めさせるカー
ドです。アロマフェアリーたちが、愛と光
のメッセージを与えてくれます。

著　原田瞳
イラスト　長谷川里佳
発行　株式会社ヒカルランド
枚数　48枚
価格　¥6,600（¥6,000＋10％税）
カードサイズ　H126 × W89 [mm]

Point

自分に必要な香り
がわかる

　解説や、自分の直感から
メッセージを得るといった
一般的なオラクルカードの
つかいかたに加え、今の自
分に必要な香りを教えてく
れるのが特長のひとつです。
その香りをかいだときのイ
ンスピレーションもオラク
ルですから、五感をフルに
活用できます。

アロマテラピーの
学習にもおすすめ

　それぞれのアロマオイル
が対応するチャクラや、植
物のどの部分から香りが抽
出されているかなど、カー
ドをつかいながらアロマテ
ラピーを学べます。解説に
は香りの特徴も説明されて
いて、まさに楽しみながら
自然の知識を身につけるこ
とができるカードです。

専用カードスタンド
で飾っても

　「今日のカード」や「今月
のカード」を引いたら、デッ
キに付属しているカードス
タンドでカードを飾ること
ができます。視界に入ると
ころに置くことで、いつで
もカードの力を感じられま
す。絵柄がかわいいカード
ですから、インテリアとし
てもおすすめです。

Card Sample

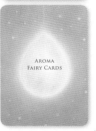

裏面はこちら→

1枚引いてリーディングしてみました

好きな人となかよくなりすぎて友だちの枠を
こえられません。どうすればよいですか？

23.MYRTLE

マートル：愛の祝福

カードの意味は？

これからは成就のときです。あなたの大切な人との関係や家族関係において、天から愛の祝福と栄冠が贈られます。

「アロマフェアリーカード」解説より

読み
解くなら…

あとは
勇気を出すだけです

気づいていないだけで、すでにお互いを大切に思う気持ちが存在しているようです。それがみえない状態になってしまっているのは、あなたが置かれている状況や環境、あるいは恐怖心のせいかもしれません。今、成就のときを迎えています。このタイミングを逃さないように、あなたの素直な心を大切な相手に伝えましょう。

アカシックレコードカード

実践例 ▶ p140

著　ゲリー・ボーネル
イラスト　安倍蘭子
翻訳　大野百合子
発行　株式会社ヴィジョナリー・カンパニー
枚数　33枚
価格　¥3,520(¥3,200+10%税)
カードサイズ　H126 × W75 [mm]

Theme

宇宙とのつながりを体感する
心と体を鎮めて
メッセージを得る

「アカシックレコード」とは地球上の生命の、意識体験のすべてが記録されているといわれる「記憶の貯蔵庫」。アカシックレコードとつながり、直接的で深い意味を含んだ情報を得ることができます。

Point

頭で理解せず
直感で読み解く

　カードはどれも珍しいシンボルアートばかり。1枚に散りばめられたたくさんのシンボルを通して、独自の世界に入っていくことができます。解説に詳細なメッセージは記されていません。頭で理解しないという著者の意図がこめられているといわれています。

今の自分を
みつめられる

　このカードは、はじめに「セルフカード」という今の自分をあらわす1枚を引きます。ほかのカードとは別に置いておき、あらためてオラクルを得るためのカードを引きましょう。「今の自分」を客観的にみつめながらメッセージを読み解くことができます。

ボディとソウルの
両面から解説

　人間には「ボディ(肉体)」と「ソウル(魂)」のふたつの概念があります。肉体ばかり優先して魂が実現したいことができなくなってしまわないように、肉体に寄り添った「日常のレベル」と、魂に寄り添った「霊的なレベル」で解説がわけられています。

Card Sample

裏面はこちら！

1枚引いてリーディングしてみました

失敗が怖くてなにもチャレンジできない……
恐怖心を乗りこえるアドバイスがほしいです

12.MIND
マインド

カードの意味は？

　双頭のツインドラゴンは正方形に囲まれた錬金術のサークルの上で、太陽と月を結んでいます。下部の四角は魔法（男性性）と健やかさ（女性性）であり、三次元の現実の状況を部分的に観察するマインドの中心をあらわしています。

「アカシックレコードカード」解説より

読み解くなら……

恐怖心を
受け入れましょう

　動物的本能を司るマインド（感情）が、あなたを失敗から守ろうとしているようです。マインドは人生を通して、危険から身を守るすべを身につけさせてくれます。恐怖心を抱くことは、壁を乗りこえるために必要。もち続けてよいのです。

インナーチャイルドカード

／ 実践例 ▶ p158 ＼

Theme

幼いころの創造力を取り戻す
自分のなかに眠っているものを
呼び覚ます

　子どもの純粋な心を思い出すことがねらいとなっています。描かれた懐かしい童話の数々が、幼少期の記憶を呼び起こし、当時の自分や大人になって失ってしまったものに再び出会うサポートをしてくれます。

著　イシャ・ラーナー、マーク・ラーナー
イラスト　クリストファー・ギルフォイル
翻訳　渡辺京子
発行　株式会社ヴィジョナリー・カンパニー
枚数　78枚
価格　¥5,500（¥5,000＋10％税）
カードサイズ　H146 × W95 [mm]

Point

ワクワクを引き出す
大きなカード

　幼い子どもはぎこちなく、でもワクワクしながらカードをさわります。そのときのような感覚を思い出せるよう、大人の手にも余る大きなサイズでつくられました。子どものころの豊かな創造力や無邪気さが引き出され、童心にかえることをうながしてくれるでしょう。

タロットカードと
同じつくり

　22枚の大アルカナと、4つのスートにわかれた56枚の小アルカナという、タロットカードと同じ78枚でつくられています。タロットにも精通している著者によりつくられていて、純粋なオラクルカードとしても、タロットの新しい解釈を得るためにもつかえます。

物語になぞらえて
読み解いて

　物語に登場するキャラクターやあらすじと自分の状況を照らし合わせ、教訓を得ることができるでしょう。解説に詳細な物語も紹介されているので、ストーリーを知らなくても安心。描かれるイラストがどんなシーンなのか想像することが読み解きにつながります。

Card Sample

裏面はこちら！

1枚引いてリーディングしてみました

転職するなら
いつ活動をはじめるのがベストですか？

Nine of crystals
クリスタルの9

カードの意味は？

　神が授ける未来の可能性が近づく時期を示します。自分が自分の人生を物語る人であると気づいてください。その物語は語り手の意識と同等です。物語が完成の時期に入るとき、あなたの人生にこれからあらわれるよいことを信じてください。

「インナーチャイルドカード」解説より

まさに
今がチャンスです

　チャンスはもう目の前まできています。この世の喜びや幸せな物語を、あなた自身がつむいで、ワクワクする気持ちを取り戻しましょう。子どものように輝くあなたを表現するために、みしらぬ世界へチャレンジしてください。

ウィズダムオラクルカード

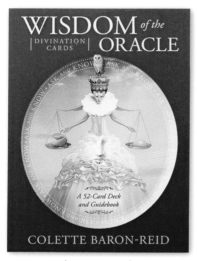

実践例 ▶ p106

Theme

前を向いて生きていく

心ではなく
頭と体で受け止める

　易経、ルーン文字、タロットカードの小アルカナの要素を現代風に表現しています。具体的なテーマについて対話ができるカードです。創造主の叡智とつながり、アドバイスを受けとることができます。

著　コレット・バロン＝リード
イラスト　ジーナ・デラグロッタグリア
翻訳　長井千寿・徳永美紀
発行　株式会社JMA・アソシエイツ
枚数　52枚
価格　¥4,180（¥3,800＋10%税）
カードサイズ　H126 × W89 [mm]

Point

質問にあわせて
メッセージを選べる

　それぞれのカードに、「基本・オラクル・人間関係・成功・あなたを守る」という5つのテーマでメッセージがあり、自分が知りたいテーマにあわせて選べます。まるで語りかけるように、しかも明るく励ましてくれるメッセージが背中を押してくれます。

いろんな存在が
メッセージをくれる

　解説のメッセージには、ハイヤーセルフやスピリット、ガイドなど、様々なメッセージの授け手が登場し、天使や宇宙とはまた違った角度からアドバイスを受けとることができます。具体的でわかりやすいヒントを与えてくれる、つかう人を選ばないカードです。

逆位置を
ポジティブにとらえて

　解説の「あなたを守るメッセージ」は、カードが逆位置で出てきたときに読みましょう。気持ちや状況をポジティブな方向へ向かわせてくれる、具体的な行動が示されています。力強いメッセージが、前向きな気持ちを取り戻させてくれます。

Card Sample

BLESSED

WHY?

HAPPY, HAPPY

HIGHER POWER

NO PEACE LIKE HOME

PEACE

THE TRIBE

裏面はこちら！

1枚引いて リーディングして みました

どうしても苦手意識のある相手と
どう接したらよいですか？

11

BY THE BOOK

11. BY THE BOOK
ルールに従う

カードの意味は？

　他人とよい関係を築くためには、相手が育った環境、積み重ねてきた経験を理解し尊重しなくてはなりません。相手の個性を尊重しつつ、よい関係が築けるように歩み寄りましょう。思い通りにしようとせず、ルールに従いましょう。

「ウィズダムオラクルカード」解説より

読み解くなら……

否定しないよう
意識しましょう

　苦手意識を消すことが難しかったとしても表に出さず、相手を認め、受け入れる姿勢をみせましょう。その人があなたに授けてくれた恩恵もあるはず。性格があわなくても、相手の人格を尊重することが円滑なコミュニケーションにつながります。

歌占カード
猫づくし

声に出して自分に読み聞かせる
伝統文化に思いをはせる

実践例 ▶ p144

　古くから親しまれている「和歌占い」が
オラクルカードという形で現代に表現された、
日本の伝統に基づいたカードです。引いた
カードの和歌をゆっくり読み上げて、神か
らのお告げを受けとりましょう。

著　平野多恵
イラスト　遠藤拓人
発行　株式会社夜間飛行
枚数　32枚
価格　¥3,960（¥3,600＋10％税）
カードサイズ　H128 × W89 [mm]

Point

いにしえの時代と
同じ作法で楽しむ

　歌占は平安時代から行わ
れており、巫女が和歌で
神のお告げを伝えていまし
た。室町時代の歌占の書物
には、占う前に精神を集中
して「呪歌」を唱える作法
が書き残されています。当
時と同じ作法で受けとるオ
ラクルには、ロマンが感じ
られるでしょう。

よみがえった
伝統文化

　歌占という日本古来の伝
統的文化を、現代に色鮮や
かによみがえらせ、楽しめ
るようになっています。オ
ラクルカードはタロット
カードと違って歴史が浅い
のが気になると感じている
人にも、文化的な背景が
しっかり感じられて、おす
すめです。

日本らしい
奥ゆかしさを感じて

　一瞬の情景や心情を詠む
和歌は、日本がもつ古きよ
き文化。直接的な言葉で書
かれたメッセージもわかり
やすいですが、和歌ならで
はの、日本人らしい、奥ゆ
かしいメッセージを感じと
るのも楽しみかたのひとつ。
和歌のもつ魅力にあふれた
カードです。

Card Sample

裏面はこちら！

1枚引いて リーディングして みました

彼が浮気しているような気がして……
疑っていると伝えてよいですか？

四. 竹の根
たけのね

カードの意味は？

　竹の根が地中の岩にさえぎられることなく伸びていくように、強い意志は、目標に向かって伸びていきます。自分の思いをうまく伝えて理解を得ることが大切です。あなたの目標が適切であれば、色あせない竹のように、末長く続くでしょう。

「歌占カード　猫づくし」解説より

読み解くなら……

自分の気持ちを
伝えましょう

　疑ってしまうのは、彼を思うあまり、失うことが不安だからでしょう。問いただすとしても、頭ごなしに怒りを伝えないで。あなたを失うことがこわいと、素直に伝えましょう。覚悟をもって、どんな結果であってもまずは受け止めましょう。

エンジェルアンサー
オラクルカード

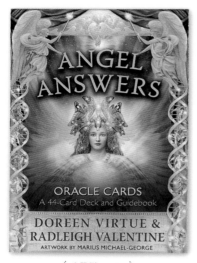

実践例 ▶ p104

Theme

輝くエネルギーを感じる
はっきりとした答えを求める

　天使と対話したり、質問に対してイエスかノーの答えをはっきり得たりすることができます。恋愛や仕事、健康、日常的な問題など、あらゆることの意思決定をサポートして、心を楽にしてくれるカードです。

著　ドリーン・バーチュー、ラドリー・バレンタイン
イラスト　マリウス・マイケル・ジョージ
翻訳　高橋裕子
発行　株式会社JMA・アソシエイツ
枚数　44枚
価格　¥3,630（¥3,300＋10％税）
カードサイズ　H126 × W89 [mm]

Point

カード選びに
迷ったらおすすめ

　ロングセラーを記録している、大人気のカードです。多くの人に愛されているということは、それだけすばらしい、多くの人にとってつかいやすいカードである証拠。自分に合うカードがわからなくて迷っているなら、ひとつもっているとよいかも。

個性豊かな
天使たちに注目

　カードの1枚1枚に描かれているのは、表情豊かな天使のイラスト。実は、いろいろな人の自画像を元にして描かれました。カードによっては日本人のような顔の天使もいるなど、天使たちの細部まで注目すると新たな発見が得られるでしょう。

動きだせないときに
背中を押してくれる

　短い言葉でのアドバイスは、自分だけでは行動するエネルギーがわいてこないときにぴったり。力強さを感じさせてくれます。たとえイエスのカードが出ても気持ちが乗らないのなら、無理に進む必要はありません。あくまで判断を助けるためのフォローととらえて。

Card Sample

ABUNDANCE

OPPORTUNITY

FORGIVENESS

HELPFUL PEOPLE

NO!

RECONSIDER

RECOVERY

裏面はこちら

1枚引いて リーディングして みました

仕事を辞めるタイミングを考えています。
今はそのときですか？

YES
そうです

カードの意味は？

あなたの質問への答えは「イエス」です。その質問に対して、さらに詳しい回答が欲しければ、追加でいくつか質問をして、またカードを引いてください。

「エンジェルアンサーオラクルカード」解説より

読み解くなら…

今こそ飛び立ちましょう

まさに今が、仕事を辞めるタイミングのようです。この答えをあなたが前向きにとらえられたなら、辞めるかどうかよりも、辞めたあとに一体なにができるか、ワクワクする気持ちをふくらませましょう。自由を手にしたあなたが翼を大きく広げるチャンスは、すぐそこまできています。

エンジェルオラクルカード

実践例 ▶ p134

天使があなたを守る
そばにいてくれる存在を感じる

直感をフルに活用できるようにつくられたカード。天使と対話し、助けを求めることができます。あなたを守ってくれる天使たちが、あなたがおかれている状況に対してメッセージを送ってくれます。

著　　ドリーン・バーチュー
翻訳　山下花奈
発行　株式会社JMA・アソシエイツ
枚数　44枚
価格　¥3,630（¥3,300＋10％税）
カードサイズ　H126 × W89 [mm]

Point

まるで美術館を巡っているよう

複数のクリエイターやアーティストのイラストがつかわれています。壁画風のもの、油彩画、写実的なものから、ふんわりとしたタッチのものまで様々なテイストがそろっていて、カードをめくれば、美術館を巡っているかのように絵画にひたることができます。

シンプルでわかりやすい

カード1枚1枚のテーマがとてもシンプルで、みてすぐにメッセージを受けとれることが特長です。たとえば「Focus（集中）」、「Balance（バランス）」など、初心者でもカードに書かれたキーワードひとつから、イメージをふくらませることができます。

天使たちからの無償の愛を受けとれる

天使たちからのメッセージは、日々の暮らしに、仕事に、人生に疲れてしまった心を癒やし、そっと包みこんでくれます。あたたかく、無償の愛と優しさに満ちあふれたメッセージは、あなたの心をうるおし、励まし、明日への活力を与えてくれるでしょう。

Card Sample

1枚引いてリーディングしてみました

既婚者とつき合っていて
別れたいけど、きっかけはありますか?

Truth & Integrity
真実と誠実

カードの意味は?

　本物でないすべてのことと、あなたのもっとも誇り高い意志を反映できない行動に別れを告げてください。困難な状況に対して降参してしまえば、次に奇跡が起こります。あなたが"真のあなた"になる決心をしたときに、奇跡は起こります。
「エンジェルオラクルカード」解説より

きっかけを待つ
必要はありません

　今していることは、あなたの正義に反することなのかもしれませんね。別れたいのであれば、あとはあなたが決めるだけ。今この瞬間にも相手と別れられるのです。別れは、あなたが本当の幸せに向かう第一歩だと考えましょう。

エンジェルプリズムカード

実践例 ▶ p112

実践例 ▶ p112

Theme

アートにこめられた
祈りをみとおす
結果をおそれる必要はない

　天使たちから与えられる、虹の光のメッセージを伝えるカードです。天使のメッセージが細部までイラストに表現されていて、絵からメッセージを読み解く「アートリーディング」の感覚でつかうことができます。

著 奥田みき
イラスト 奥田みき
発行 エンシェラート
枚数 44枚
価格 ¥4,620（¥4,200＋10%税）
カードサイズ H128 × W89 [mm]

Point

イラストの構図から読み解ける

　ほかのカードに比べ、天使の描かれかたがバラエティ豊かなカードです。上半身だけにクローズアップしていたり、高いところからみおろしていたり、天使が上や下を向いているもの、こちらに背中を向けているものなど、読み解きのヒントになりやすいでしょう。

アドバイスを受けとりやすい

　オラクルカードは、メッセージとイラストの担当は別の人である場合がほとんど。ですが、このカードはどちらも同じ人が担当しています。読み解きがしやすいように絵が描かれているため、アドバイスを素直に受けとることができるところが魅力です。

カードがあつかいやすい

　カードは、こだわりのマット加工で、さらさらとしたさわりごこち。なめらかなので、シャッフルもしやすいでしょう。上品な光沢は反射を抑え、やわらかな光に包まれている美しいエンジェルたちの繊細なイラストを細部までみやすくしています。

Card Sample

Appreciation / You are unique in the world / Free the guilt / Get away from negative energy / Wait for time to pass / Stay natural / Time to grow or change

裏面はこちら↓

1枚引いてリーディングしてみました

出会いがないからアクションを起こしたいです！
私に合うのはアプリ？　友だちの紹介？

27.Accept yourself
自分を受け入れる

カードの意味は？

　艶やかなバラが開花するように、あなたの内側から生まれた光が、ハートを通してあふれ出してきます。ハートが開かれたことによって、あなたは自分も他者も同じように受け入れ、些細なできごとにも愛と感謝を見出せるようになったのです。

「エンジェルプリズムカード」解説より

読み解くなら…

焦らないほうが よいかもしれません

　あなたの魅力が高まっています。急ぐ必要はありません。アプリか紹介か、方法を絞るのではなく、心を開きましょう。焦りは、かえって出会いを遠ざけます。マイペースでいるのがベスト。自分を愛することで魅力が花開きます。

奥平亜美衣の
あなたが本当に幸せになる引き寄せカード

こころ癒せばもっと加速する

**奥平亜美衣の
あなたが本当に
幸せになる
引き寄せカード**

専用
カード
スタンド
付き

(文・構成)
奥平亜美衣
(イラスト)
長谷川里佳

実践例 ▶ p124

Theme

好きなものを好きという
本当のあなたをあらわにする

　すべての人には、力強い味方がついています。その存在から明確なメッセージを受けとることができるカードです。人生を喜びで満たして生きるための、頼もしい協力者がいることを教えてくれます。

著　奥平亜美衣
イラスト　長谷川里佳
発行　株式会社ヒカルランド
枚数　50枚
価格　¥4,070（¥3,700＋10％税）
カードサイズ　H126 × W89 [mm]

Point

「本当の自分」と
対話できる

　心を開くことで、素直に気持ちと向き合えるのがこのカードのもち味。不安になったり悩んだりしたときにはこのカードをつかって。駄々をこねている子どもに、お母さんが「どうしたいの？」とたずねるように、自分の心にどうしたいのか問いかけましょう。

疲れた心を癒やし
パワーをくれる

　やわらかなパステルカラーのイラストは、じんわりと心を温めてくれる優しさに満ちています。一方、メッセージは自分を高めるような、自分の力でどこかへ向かっていく力を与えてくれます。疲れた心をそっと包みこみつつ、精神力を高めてくれます。

光に目を向けるよう
助けてくれる

　気持ちが落ちきってしまうと、手の打ちようがなくなったと感じるかもしれません。このカードは、どんな状況でも希望を見出せるよう助けてくれます。ポジティブな面に目が向くように、わかりやすい言葉とやわらかいイラストで導いてくれますよ。

Card Sample

裏面はこちら

1枚引いてリーディングしてみました

義理の親とギクシャク……どうすれば改善できますか?

**47. 不平や不満や批判について
考えてもあなたにとって
よいことはひとつもありません**

カードの意味は?

　不平や不満や怒りの波動、そして非難や批判するときの重い気持ち、それらを発したら、受けとるのは相手ではなくあなたです。不満がわき上がってきたら、そこへ意識を向けないようにしましょう。よい、悪いの判断は必要ありません。
「奥平亜美衣のあなたが本当に幸せになる引き寄せカード」
解説より

読み
解くなら…

固定観念を
捨てましょう

　人間ですから、不満をもつのは当たり前。こうあるべきという欲求が、不満を生み出しています。無意味な欲求をもっていてもハッピーにはなりませんから、捨てましょう。好きなことに目を向けて、義理の親を意識しないようにすることです。

カエルカード

実践例 ▶ p154

Theme

**本当の自分は
ちゃんと自分を知っている
気軽に自分自身と向き合う**

　ポジティブかつシンプルな言葉でまとめられた、「本当の自分にかえる」ためのカードです。自分の心に呼びかけてからカードを引くことで、心の声や本音がカードの言葉、メッセージとしてあらわれます。

著　アトリエ・クスケーニャ
発行　アトリエ・クスケーニャ
枚数　60枚
価格　¥1,980（¥1,800＋10％税）
カードサイズ　H52 × W73 [mm]

Point

もち運びに便利な
サイズ

　缶のケースに入っていて、さっと取り出して、いつでもどこでもカードを引くことができるコンパクトさが魅力。カード自体もシンプルなので、仕事中にもつかえるかもしれませんね。アイデアが出ないとき、企画がまとまらないときなどに1枚引いてみましょう。

力の抜けたイラストに
癒やされる

　小さなカードにワンポイントで描かれているカエルのイラストには、すっと肩の力を抜いてくれるようなかわいさがあります。どんなときもほめてくれるカエルたちのメッセージは、本来の自分の力や、魅力、強さ、そしてすばらしさを思い出させてくれるでしょう。

裏面は3色から
好きなものを選んで

　カードの表はシンプルですが、裏面に選ぶ楽しさがあります。ピンク、ブルー、シルバーの3色から、好きな色を選んでひとつをつかうのもよいですし、質問するテーマによってつかう色をわけるのもよいでしょう。あなたなりのつかいかたを探してみて。

Card Sample

Balance
バランス ⁴

バランスがとれている人は見ていて安心！
心と身体と魂のバランスを上手にとれる
あなたは とても美しく心地良い。

Communication
コミュニケーション ⁷

コミュニケーションの基本は話すより聴くこと！
心を開いて相手の意見に耳を傾け、気持ちを
通わせることのできるあなたはさすがに。

Earth
地球 ¹²

今、日常の生活はとっても大切！手を抜かず
「地球」に生きていることを感じて、地に足を
つけて現実的に生きるあなたはステキな地球人。

Infinity
無限 ²⁶

可能性は無限！ どんな状況に置かれても、
自分の中に存在する叡智を信じて行動する
あなたは 惚れ惚れするほどパワフル。

Listening
聴く ³³

心の声が聞こえますか？しばし頭で考えるのを
やめて、ただ内なる声に耳を傾けましょう。
静寂を取り戻したあなたには ゆとりが。

Purpose
目的 ⁴³

あなたは何のために生きている？真の目的は？
その存在理由に焦点を当てて、確かめながら
行動するあなたの知性が光る。

Surrender
身をゆだねる ⁵²

無理をしてがんばる生き方はもうおしまい！
執着を手放し「大いなるもの」に身をゆだねて
生きることのできるあなたは幸せ者。

KAERU CARD

裏面はこちら！

1枚引いて リーディングして みました

買いものにいくなら明日と来週、どっちがよいですか？

Laughter
笑い ³¹

心からの笑いは幸福を引き寄せる！
どんな出来事にも明るく対処する
あなたの笑顔と笑い声は暖かで軽やか。

31.Laughter
笑い

カードの意味は？

常に物事の明るい肯定的な面をしっかりみること
が必要だと告げています。どんなできごとのなか
にでもあるユーモアを探し出しましょう。笑い
がもたらす心へのよい影響を全身で味わい、あな
たが幸せであることを感じてください。

「カエルカード」解説より

読み
解くなら…

笑顔になれるときに
しましょう

明日の気分で決めましょう。そのときエネル
ギー全開なら、買いものも楽しめるはず。素直
に笑えない場合は、満足する結果は得られません。
もし明日気持ちが晴れていなかったら、買いもの
より友だちと笑い話をして、笑顔を取り戻しては。

ギャラクシーオラクルカード

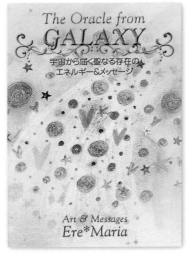

The Oracle from
GALAXY
宇宙から届く聖なる存在の
エネルギー&メッセージ

Art & Messages
Ere*Maria

実践例 ▶ p146

実践例 ▶ p146

Theme

自分を許してあげる
ハッピーな気持ちを高める

絵にこめられたエネルギーを感じながら
瞑想し、聖なる存在たちとつながることを
最大の目的としてつくられました。イラス
トには、大天使や女神などのエネルギーが
抽象的に表現されています。

著 エレマリア
イラスト エレマリア
発行 株式会社ヴィジョナリー・カンパニー
枚数 40枚
価格 ¥1,980（¥1,800＋10％税）
カードサイズ H89 × W58 [mm]

Point

女性にぴったりの小さいカード

それまでは大きめのカー
ドが一般的でしたが、新し
いものをつくりたいという
コンセプトから小さいサイ
ズでつくられました。手の
ひらサイズなので、一般的
なサイズのカードは大きく
てつかいにくいという人や
女性の小さな手でも、あつ
かいやすいでしょう。

イラストが「エネルギー」を表現

天使や妖精の姿はありま
せんが、カードいっぱい
に「エネルギー」そのもの
が抽象的に描かれています。
手のひらサイズの小ささで
すが、受けとることができ
るメッセージは壮大。人物
のイラストや写真が用いら
れたカードが苦手という人
におすすめです。

瞑想をとりいれてみて

著者が宇宙から受けとっ
た「全肯定」というメッセー
ジが元になっていて、どん
な人にも愛と感謝のエネル
ギーが等しく与えられ、優
しさに満ちています。エネ
ルギーを感じながら瞑想す
ることを考えてつくられて
いるので、つかうときには
トライしてみましょう。

Card Sample

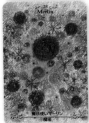
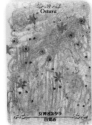

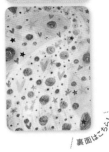

裏面はこちら!

1枚引いて リーディングして みました

欲しいけど高くて迷っているものがあります。
買ってもよいですか?

32. 女神リーアノン

カードの意味は?

あなたがイメージすることはとても大切です。ビジョンを描くことで実現化していきます。魔法のようなことは毎日の生活のなかでたくさん起きています。それに気づくことが大切です。意図したことが具現化することを認識してください。。

「ギャラクシーオラクルカード」解説より

読み解くなら…

イメージを
かためましょう

買った自分をイメージしましょう。欲しかったものがようやく手に入り、幸せいっぱいな様子がイメージできれば、実現させることで満たされるはず。時間をかけて、貯金しながら情報を集め、イメージをより具体的にするのもよいでしょう。

サイキックタロットオラクルカード

実践例 ▶ p100

Theme

サイキッカーになりきる
霊能力を開花させる

オラクルカードに必要な直感と、タロットカードの意味を結びつけることができるカードです。霊能力やサイキックの能力を開花させること、ものごとの本質をみとおし、導きを得ることをサポートしてくれます。

著　ジョン・ホランド
イラスト　ジョン・マトソン
翻訳　野原みみこ
発行　株式会社JMA・アソシエイツ
枚数　65枚
価格　¥4,180（¥3,800＋10%税）
カードサイズ　H126 × W89 [mm]

Point

タロットが好きなら
つかいやすい

　タロットの定番であるライダーウェイト版と、並びが同じ大アルカナ、イラストのイメージや解釈が似ている小アルカナという構成。タロットになじみのある人は読み解きやすく、タロットに興味がある人にとっては、読み解きの参考にすることもできます。

著者が全米屈指の
サイキッカー

　「サイキックタロットオラクルカード」という名前は、著者が本物のサイキッカー（超能力者）であるところからきています。サイキッカーがつくったからこその、普通の人では思いつかない創造性のあるデザインになっていて、つかい手の想像力を強く刺激します。

解説より
直感を重視

　色、数秘術、シンボルなどについての解説もありますが、カードのつかいかたにはなんの制限もないと著者は語ります。解説よりも直感を大切にしてメッセージを読み解いてみましょう。このカードをつかいこなすためのもっとも重要なポイントです。

Card Sample

Accelerated Motion

AWARENESS

Financial & Material Changes

Fulfillment of Wishes

WISDOM

Rest & Rejuvenate

Spiritual Union

裏面はこちら！

1枚引いて リーディングして みました

仕事と家庭の両立が難しくて……
これから先どうすればよいですか？

8.Positive Movement Forward
ポジティブな前進

Positive Movement Forward

カードの意味は？

　あなたが情熱に従い、それを足がかりにするとき、魂が真価を発揮し、最善のゴールへと導きます。技術を活用できるような機会が突然やってくるかもしれません。情熱が生まれれば、技量を人に分かち与える時間をもつことができるでしょう。
「サイキックタロットオラクルカード」解説より

読み解くなら…

情熱を燃やしましょう

　あなたは要領がよく努力家で、仕事で成果を上げている様子。家庭との両立もプロジェクトの一環だと考えて。熱意をいかして、仕事も家のこともタスクとしてこなしましょう。仕事と家庭どちらにも情熱があるから、やり通せるはずです。

43

ザ・マップ オラクルカード

実践例 ▶ p110

Theme

冒険の旅を通して成長する
夢あふれる世界を生きている
と実感する

「人生の旅」というテーマを掲げていて、過去、現在そして未来について質問の答えをみつけられるでしょう。カードのイラストには、人生の内側、つまり感情や記憶などがシンボルとなって登場します。

著　コレット・バロン＝リード
イラスト　ジーナ・デラグロッタグリア
翻訳　長井千寿
発行　株式会社JMA・アソシエイツ
枚数　54枚
価格　¥4,180（¥3,800＋10%税）
カードサイズ　H126 × W89 [mm]

Point

想像力と直感力を育てられる

つかう人の想像力を制限しない、美しく不思議なイラストは、より自由に読み解きができるようにというねらいがこめられています。すみずみまでディテールがしっかり描かれているため、カードをみるたびに違う部分に注目することができるでしょう。

「逆位置」の考えかたが新しい

カードが逆位置で出た場合、「大丈夫」というメッセージとして考えます。よいカードが逆位置に出てしまうと、悪い想像をするかもしれませんが、実は視点をかえるためのメッセージなのです。よりよい未来のために、ポジティブなアドバイスを示してくれます。

人気イラストレーター・著者による代表作

著者はこのカードのイラストレーターと、多くのオラクルカードを生み出しています。どれもパワフルなメッセージと美しいイラストがあわさって、世界中で愛され続けています。このカードはふたりの世界観を美しくあらわし、確固たるものにした代表作です。

Card Sample

……裏面はこちら！

1枚引いてリーディングしてみました

彼と結婚したいけどいいだせないのは
なにが心にひっかかっているのでしょう?

51.Moonlight
月の光

カードの意味は?

　直感に従い、頭では理解できない場所へ連れていってもらいましょう。あなたの直感は的確です。あれこれと考えるのは止めましょう。あなたの直感がとても冴えている時期です。言外の意味を読みとったり、物事の真相を捉えることができます。

「ザ・マップオラクルカード」解説より

読み解くなら……

理想の形が
あるようです

　本当は彼からプロポーズしてほしいのかも。あなたは準備ができているけれど、彼から明確な言葉がないためにモヤモヤしているようです。いずれそのときは訪れますから、彼を信頼しましょう。あなたの不安は、相手も不安にさせてしまいます。

シャドウ&ライトオラクルカード
〈レッド・エディション〉

実践例 ▶ p114

Theme

すべてをみる勇気と
すべてを受け入れる勇気
影まで愛してこそ、本当の愛

　心が疲れている人、孤独を感じている人といった、暗い気持ちを抱えた人を対象にしています。キラキラした天使などは一切出てきません。不思議な存在たちが、本当の自分を引き出すサポートをしてくれます。

著　ルーシー・キャベンディッシュ
イラスト　ジャスミン・ベケット - グリフィス
翻訳　渡辺京子
発行　株式会社ヴィジョナリー・カンパニー
枚数　45枚
価格　¥3,300（¥3,000＋10%税）
カードサイズ　H126 × W89 [mm]

Point

励ましてくれるから
現実と向きあえる

　影をみるということは、みたくない現実をみるということ。現実の問題に対して、大丈夫だという励ましのほかに厳しいメッセージもあって当然であり、そこから目を背けないためのカードです。問題を乗りこえた、その先がイメージしやすくなるでしょう。

すべてに答えを
出さなくてもよい

　このカードは「こうしましょう」と前向きになることだけが本当に幸せになる道なのか、問いかけています。悩んだり立ち止まったり、暗闇にいるように感じたりするときにこそ、成長や発展のきっかけがあると感じさせてくれ、物事の本質をみつめられるでしょう。

明るい気分に
なれないときに

　「陰極まれば陽になる」の発想で生まれたこのカード。ポジティブで勢いのあるメッセージを受けとれない心境のときにおすすめです。ほどよい距離感を保ちながらも心情に寄り添ったメッセージを授けてくれるため、友だちに相談している感覚でつかえます。

Card Sample

裏面はこちら!

1枚引いてリーディングしてみました

彼が隠しごとをしていそうです。
なにを隠しているのか問いただしてもよいですか?

3. The Sea Beacon Fairy
海のともし火の妖精

カードの意味は?

私は灯火をかざします。けれども、今、私が正しい方向へ導くか否かはあなたの選択にかかっています。私はあなたを助けるかもしれないし、私が死者の霊を呼べば、あなたは岩礁(がんしょう)の上で果てるか、冷たい海で溺れ死ぬかもしれません。

「シャドウ&ライトオラクルカード〈レッドエディション〉」
解説より

読み解くなら…

本当にそうするべきか考えましょう

問題の本質は、彼がなにかを隠していることではなく、あなたが「隠しごとによって自分が傷つく」と思いこんでいることかもしれません。問いただすより先に、まずはしっかり心を落ち着かせましょう。彼を疑う以外の道もあるはずです。

スピリットアニマルオラクル

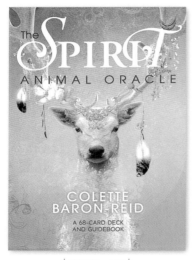

実践例 ▶ p148

Theme

あらゆる生命とつながる
生き物のスピリットが
手助けしてくれる

生き物に敬意を払い、それらを通じて創造主と対話するために生まれました。カードにはあらゆる生き物が描かれ、特性や、それらのスピリットがもっているメッセージからオラクルを得ることができます。

著　コレット・バロン＝リード
イラスト　ジーナ・デラグロッタグリア
翻訳　長井千寿
発行　株式会社JMA・アソシエイツ
枚数　68枚
価格　￥4,620（￥4,200＋10％税）
カードサイズ　H126 × W89 [mm]

Point

日本人にもなじむ
美しい動物たち

　美しく気品あふれる動物たちが、宝石や花飾りをまとった姿で描かれています。なじみがなかったり不思議な動物が描かれていたりするカードが多いなか、このカードは日本人に違和感を感じさせず、絵柄も親しみやすいので、読み解きやすいでしょう。

ありのままを
愛することができる

　「生きかた」に制限はないと教えてくれるカードです。群れで生きる、じょうぶな巣をつくる、水中で生きるなど、あらゆる選択があるなかで自分らしく生きてきた生き物から、ありのままであることがすばらしいという、おおらかなメッセージを感じましょう。

生き物の特性が
メッセージになる

　たとえばイヌのスピリットは「愛と誠実さ」を、ワシのスピリットは「誇りと品格」を私たちに教えてくれます。生き物の性質が、カードを通して今のあなたに必要なメッセージを与えてくれるのです。生き物たちに尊敬の気持ちをもつこともできるでしょう。

Card Sample

裏面はこちら!

1枚引いて リーディングして みました

結婚したら彼の態度がかわったのは 私が原因でしょうか?

53.Seahorse Spirit
タツノオトシゴのスピリット

カードの意味は?

　水中に漂うタツノオトシゴは、世間の喧騒から離れた場所で全体を眺めています。あなたも同じように中立の立場でいてください。そして、あなたの質問がなんであれ、現在の場所から離れて、違う角度から状況を把握してほしいのです。

「スピリットアニマルオラクル」解説より

読み
解くなら…

視野を広くもちましょう

　彼のことを理解できなくても、原因究明を焦る必要はありません。まずは「問題から少し離れて」と提案しています。今は問題に近づきすぎて、原因がみえていないのかも。原因を探る前に距離をおけば、全体像がみえてくるはずです。

Dr. チャック・スペザーノの
セルフ・セラピー・カード

実践例 ▶ p130

Theme

ポジティブに道を切りひらく
自分に関する真実に
気づかせてくれる

　心に生じたブロック(障害物)を取りのぞき、進むべき道を自然に歩んでいくことができるようにしてくれます。心理学に基づいたアプローチによって、つかう人の心を癒やすことを目的としています。

著　　チャック・スペザーノ
翻訳　大空夢湧子
発行　株式会社ヴォイス
枚数　48枚
価格　¥3,740(¥3,400+10%税)
カードサイズ　H117 × W67 [mm]

Point

論理的なメッセージでわかりやすい

　問題にぶつかったときに心に浮かぶ「なぜうまくいかないの?」「なぜ私ばかり」とわき上がる感情は、目の前のできごとではなく、自分自身の深い部分にある「質」が原因だと教えてくれます。その「質」を改善する方法を、論理的に示してくれます。

イラストと直感を結びつけやすい

　シンプルな言葉と、そのイメージを象徴するイラストがそれぞれのカードに描かれています。「問題点の発見」「改善のためのアドバイス」「意識改革の気づき」という明確な目的をもってカードを引くので、カードと自分の直感を結びつける練習にぴったりです。

心のセラピーとしてパーフェクト

　心理学に基づいてつくられています。導入から、カードを引くという基本の行為についての説明、各カードの解説、そして行動と自立をうながすというアプローチで構成されています。カウンセリングやセラピーのひとつとしてつかいやすいでしょう。

Card Sample

6
BELIEF
VICTIM
犠牲

25
CHOICE
HEALING
選択

29
COMMUNICATION
HEALING
コミュニケーション

47
HIGHER MIND
GRACE
ハイアーマインド

13
HOLDING ON
RELATIONSHIP
執着

16
ROLES
RELATIONSHIP
役割

36
TRUE LOVE
GIFT
真実の愛

裏面はこちら！

1枚引いてリーディングしてみました

彼と別れたことを後悔しているんだけど
どうすればやりなおせますか？

18
PERSONAL MYTH
UNCONSCIOUS
個人の神話

18. PERSONAL MYTH
個人の神話

カードの意味は？

あなたの人生に重要なシナリオがあって、現時点ではそれがあなたの邪魔をしているということを意味しています。大きなトラウマとその結果のハートブレイクや、失敗感や罪悪感に対して形成された防衛であり、代償作用です。

「Dr.チャック・スペザーノのセルフ・セラピー・カード」
解説より

読み解くなら…

自分と向き合いましょう

あなたが思い描くパートナーとの理想的な関係を再考しましょう。別れた今なら、自分と向き合う時間があるはず。なぜ別れを選んだのか、別れない道はあったのか、理想の関係と照らしあわせて考えてみると、やりなおすヒントがみつかるかも。

日本の神様カード

日本の神様カード
Gods and Goddesses of Japan
著 大野 百合子
監修 三橋 健（神道学博士）

実践例 ▶ p150

実践例 ▶ p150

Theme

日本の神を身近に感じる
神社で手を合わせるときのような
清らかな心

八百万の神が存在する日本の文化を伝え、
神からメッセージを得ることを目的としています。どの神がどんな願いを引き受けているのかを知ることができ、神のパワーを感じられるでしょう。

著 大野百合子
イラスト 大野舞（Denali）
監修 三橋健
発行 株式会社ヴィジョナリー・カンパニー
枚数 49枚
価格 ￥3,300（￥3,000＋10％税）
カードサイズ H126 × W89 [mm]

Point

48柱の様々な神に出会える

日本全国8万をこえる神社には様々な神がまつられています。著者が神のもとへ実際に出向き、チャネリングをして、カードに表現することについておうかがいを立てたうえでつくられました。絵画として表現することを認めた48柱の神が描かれています。

まつられている神社も紹介

解説には、それぞれの神がまつられている代表的な神社が紹介されています。どんな神がどの神社にまつられているのか勉強したい人にもぴったりの構成です。つかっていくうちに、縁を感じる神がいたら、実際に神社へ参拝にいくのもよいでしょう。

ポップなイラストで親しみやすい

愛らしくポップなイラストは、つかうたびに前向きな気持ちにさせてくれます。日本の伝統も感じられる落ち着いた色合いがなじみやすいはず。日本らしい雰囲気をまとったカードで、つかえばつかうほど、ますます神を身近に感じられるようになるでしょう。

Card Sample

裏面はこちら！

1枚引いて リーディングして みました

相手が喜ぶプレゼントを贈るための ヒントが欲しいです！

思金神
おもいかねのかみ

カードの意味は？

　私はあなたのなかの叡智です。あなたの内側の深い場所へ降りていけば、私に出会えます。それがあなたの真理です。あなた自身を知ることは、私を知ることなのです。私があなたに、新しい創意工夫のアイデアを授けましょう。

「日本の神様カード」解説より

気持ちを伝えてみて

　浮かんでいるアイデアを紙に書き出し、「いちばん気持ちを伝えられるもの」という視点で考えてみましょう。相手への気持ちそのものも、特別なプレゼント。言葉にして感謝を伝えられる手紙などをそえるのもよいかもしれません。

日本の密教カード

実践例 ▶ p116

著　小瀧宥瑞、奥田みき
イラスト　奥田みき
発行　株式会社ヴィジョナリー・カンパニー
枚数　44枚
価格　¥3,630（¥3,300＋10％税）
カードサイズ　H126 × W89 [mm]

Theme

仏教の真理にふれる
仏の慈悲を心に感じる

　言葉で説明することが難しい密教の教えを、イラストで表現。メッセージとともにそえられた真言は、唱えることで心の闇を取り除くとされています。仏に近づくことができるカードです。

Point

細部まで忠実に再現

　たとえば千手観音の手は全部で40本あり、それぞれの持ち物が決まっています。それらがすべてイラストに描かれているなど、どのカードも仏を細部にいたるまで忠実に再現している点が魅力です。仏について、イラストからも学ぶことができるでしょう。

飾っておくのもおすすめ

　「エンジェルプリズムカード」（p34〜35）と同じイラストレーターによって描かれたイラストは、そのまま飾るのもおすすめ。神聖な輝きと仏のパワーが感じられます。どの仏も表情がとても豊かで慈悲深く、目が離せないほど美しい世界観が広がっています。

真言を唱えてオラクルを得られる

　わかりやすい、盛りだくさんの情報が解説に掲載されています。読み深めてカードの背景を知ると、密教の勉強にもなります。仏を眺めながら真言を唱え、祈り、感謝とともにメッセージを受けとることで、お寺に参拝する気持ちでオラクルが得られます。

Card Sample

裏面はこちら!

1枚引いて リーディングしてみました

お金を貸してほしいと頼まれたんだけど
相手を信じてよいでしょうか?

馬頭観自在菩薩
ばとうかんじざいぼさつ

カードの意味は?

あなたは今弱気になっていて、誰かに優しくして貰いたいと感じているのかもしれません。「弱っている」状態でも気力が残っているのか、それとも限界なのかみきわめることが大事です。助けが必要なときには無理をせずに頼むことも大事です。
「日本の密教カード」解説より

自分が冷静かどうか
みきわめましょう

自身が整った状態であるかどうかが重要です。相手の様子をみて、貸すべきだと思うなら貸してもよいかもしれませんが、それはあなたの自己責任になります。心身の状態が不安定なら、判断することは避けたほうがよいでしょう。

日本の妖怪カード

実践例 ▶ p128

Theme

妖怪が教えてくれる人の道
お天道様がいつもみている

　日本に伝わる民話や伝承にこめられた教えを、現代人に伝えてくれます。妖怪たちが、禁忌や教訓、すべての人がもっている欲などと適切な距離を保って接することの大切さを教えてくれるでしょう。

著　藍伽
イラスト　neco
監修　小松和彦、飯倉義之
発行　株式会社ヴィジョナリー・カンパニー
枚数　40枚
価格　￥3,300（￥3,000＋10%税）
カードサイズ　H126 × W89 [mm]

Point

妖怪が教訓を
伝えてくれる

　妖怪からのメッセージは人の本質を突いていて、共感できるものがたくさんあります。「あなたの行動によって誰かが傷つくとしたら、相手のためにやめられる?」など、妖怪たちが、道徳や優しさ、本当の思いやりとはなにかを教えてくれます。

古きよき
人々の知恵から学ぶ

　たとえば現代なら、性格が悪いと一度でも思われると敬遠されてしまいがち。しかし昔の人々は、性格が悪いのは一時的なもので、妖怪に取りつかれただけだと考えたそうです。当時の人々の心の余裕を、現代にいかすヒントがいっぱいつまっています。

裏面に
楽しい遊び心が

　裏面のカードデザインは、昔から伝えられている「狐の窓」というおまじないのひとつ。イラストのように指を組んで穴から人をみると、妖怪に取りつかれているかがわかるというもの。思わずまねしたくなるようなインパクトがあるデザインです。

Card Sample

裏面はこちら！

1枚引いて リーディングして みました

1年ぶりに会う友人と、どこにいけば
盛り上がりそうですか？

ヒダル神
ひだるがみ

カードの意味は？

　ヒダル神に取りつかれると、急に空腹となり、体の自由を奪われ動けなくなります。

　好きなものを好きなだけ食べることができることが当然のように思いがちな私たちではありますが、食べ物の有りがたさ、忘れてはならぬのです。

「日本の妖怪カード」解説より

読み解くなら…

食事が
笑顔をもたらします

　食事へいくのがよいでしょう。食文化を知ることのできる文化施設へいったり、おなかを空かせるために体を動かせる場所へいったりするのもおすすめです。食事をともにできるありがたみを実感すれば、友人との時間が充実するはずです。

ネイティブスピリット
オラクルカード

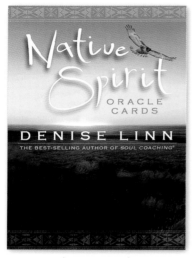

実践例 ▶ p136

Theme

偉大なる自然からの
メッセージを受けとる
自然と魂をつなげる

　自然に畏敬の念を抱きながら深くかかわってきた祖先のスピリットを感じ、大いなる自然からメッセージを受けとりましょう。美しく荘厳な自然風景のイラストから、神秘的なパワーを感じることができます。

著　デニス・リン
フォト　チャールズ・マクストラヴィック
発行　株式会社JMA・アソシエイツ
枚数　44枚
価格　¥3,960(¥3,600+10%税)
カードサイズ　H126 × W89 [mm]

Point

偉大な自然から
メッセージを受けとる

　壮大な自然の風景はみているだけでエネルギーを感じることができます。幻想的なイラストによってインスピレーションが高まり、ひとつひとつの風景に秘められたメッセージを受けとることができるはず。頭ではなく五感とイマジネーションを働かせましょう。

ネイティブアメリカン
の思想に基づく

　魂は「誕生」「成長」「老齢」「死」という「4つの輪」から形成されていて、その輪を時計まわりに巡っているのが人生という、ネイティブアメリカンがもつ特有の概念に基づいてつくられています。自身の魂を探求したいときに、力を貸してくれるカードです。

自然の厳しさと
壮大な愛に包まれる

　私たちに恵みをもたらす自然がときに脅威であるように、優しくも厳しいメッセージであなたをさとしてくれます。「いつでも自然とつながっている」という教えが心に安定をもたらし、自然を眺めたあとのようなすがすがしい気持ちにさせてくれるはずです。

Card Sample

WOUNDED HEALER

ANCIENT FOREST

CIRCLE OF LIFE

SONG OF THE WILD

SPIRIT KEEPER OF THE EAST

THUNDER DRUM

TRICKSTER

Native Spirit

裏面はこちら！

1枚引いてリーディングしてみました

最近孤独を感じやすいのでペットがほしいです。
どんな生き物を飼ったらよいですか？

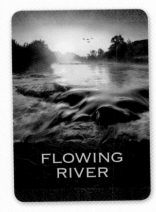

FLOWING RIVER
流れる川

カードの意味は？

人生という偉大な川の流れに乗っているとき、あなたは流れを早めようとしたり、流れに逆らって泳ごうとしたりしてはいけません。すべてが正しい場所に収まっています。岸から離れて、流れに乗るのを楽しみましょう。
「ネイティブスピリットオラクルカード」解説より

読み解くなら…

観賞魚などの水生の生き物がおすすめ

美しい魚たちと水の流れに癒やされながら、自分の中の不要なものやネガティブな感情を流し、手放す様子をイメージして。でも、真の孤独を癒やせるのは、あなた自身。ペットに頼らず、自分としっかり向き合う時間も必要です。

バガヴァッドギーターカード

Theme

「この世界の真実」の探求
ヨガの叡智を生活にいかす

インドに古来から伝わる経典『バガヴァッドギーター』に基づいてつくられています。人生とはなにか、命とはなにかという壮大なテーマが掲げられており、インド哲学やヨガの入門としても最適です。

著　向井田みお
イラスト　彩織り
翻訳　奥野節子
発行　株式会社ヴィジョナリー・カンパニー
枚数　54枚
価格　¥3,850（¥3,500＋10％税）
カードサイズ　H126 × W89 [mm]

Point

インド哲学の教えを学べる

２千年以上前に編纂され、聖書に次いで読まれているといわれる『バガヴァッドギーター』をカードにしたものです。「神が直接語った教え」とされ、難解といわれていますが、解説がていねいなので、はじめてふれる人もトライしやすいでしょう。

ユニークなイラストが色鮮やか

インド哲学の教えをイラストで表現するのは至難の技であるのにもかかわらず、『バガヴァッドギーター』の世界が表情豊かに表現されています。よくあるインドらしいイラストではなく、読み解きもしやすいポップで鮮やかな色調やユーモラスな画風が印象的です。

毎日つかいながらヨガも楽しめる

解説には、それぞれのカードに合わせてヨガのポーズが紹介されており、ヨガを通じてメッセージをより深く受けとることができるようになっています。ワンオラクルをしながら一日１ポーズずつ、ヨガを習得していくのも楽しいかもしれません。

Card Sample

戦士
アルジュナ

行いのヨーガ
カルマヨーガ

月の世界
チャンドラローカ

世界
ジャガット

自由
モークシャ

本質・実存
プルシャ

聖典
ヴェーダ

裏面はこちら！

1枚引いて リーディングして みました

気になる彼に、どうアプローチしたらよいですか？

普遍の存在
ブランマン

ブランマン

カードの意味は？

かわりゆく私たちの体・感覚・心・世界の現象は、ただひとつのかわらぬ存在と知の源に展開するドラマのようなものといえます。かわりゆく世界とかわらぬ真実。この関係は夢と自分の関係にたとえられます。

「バガヴァッドギーターカード」解説より

読み
解くなら…

素のままのあなたでいましょう

愛されようと演じる必要はありません。外へ出て五感をフルに活用し、風を感じ、いろんな音を聞きましょう。喜びも怒りも悲しみも楽しみも感じて。そうすることで、素の自分を表現でき、相手からも輝いてみえるようになるでしょう。

パスオブザソウル
運命のオラクルカード

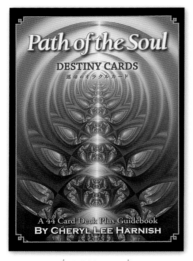

実践例 ▶ p118

実践例 ▶ p118

Theme

自然界に存在する造形から
インスピレーションを受ける

イラストのエネルギーを
全身で感じて

幾何学的なイラストがもつ波動やエネルギーから、インスピレーションを得るカードです。言葉で理解するのではなく、脳にメッセージが直接飛びこんでくるような感覚を味わうことができます。

著・イラスト　シェリル・リー・ハーニッシュ
翻訳　野原みみこ
発行　株式会社JMA・アソシエイツ
枚数　44枚
価格　¥3,630（¥3,300＋10％税）
カードサイズ　H126 × W89 [mm]

Point

「無心」から新しい感覚が得られる

雄大な自然を眺めていると、突然昔の記憶がよみがえってきたり、アイデアがひらめいたり、心のモヤモヤが晴れたりするように、このカードは私たちを「無心」の状態へ導き、あらゆる波動をキャッチさせ、インスピレーションを呼び起こしてくれます。

直感だけでメッセージを受けとる

このカードにはメッセージが書かれていません。そのためイラストを眺め、直感的にメッセージを受けとらなければないのです。オラクルカードを引く上でインスピレーションを高めることは非常に重要。トレーニングとしてつかうのもよいかもしれませんね。

ネガティブな感情を浄化できる

脳に直接響くような印象的なイラストは、目にみえないエネルギーを放っていて、理屈や言葉をこえて直接感じることで、自身のエネルギーに作用します。心をしずめてカードに集中すれば、ネガティブな感情やイメージを浄化させることができるでしょう。

Card Sample

裏面はこちら

1枚引いてリーディングしてみました

人と接するときに表情がかたくなります。
誤解されないためにはどうしたらよいですか?

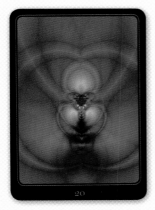

20. Companion's Love
伴侶の愛

カードの意味は?

このカードは恋人たちの情熱、創造、結びつき
を物語ります。ありのままの自分でいることは、
信頼し合うようになるための大切なステップです。
すべての結びつきのなかでもっとも深く、親密な
もののことを語っています。

「パスオブザソウル 運命のオラクルカード」解説より

読み
解くなら…

まず自分の心を
開きましょう

表情がこわばってしまうのは緊張が原因かもし
れません。相手に緊張していることを素直に伝え
てみるのがもっともよい方法です。誤解させてし
まう前に、シンプルな言葉であなたの気持ちを伝
えて。まず相手に心を開くことが第一歩。

プトレマイオス式
星座オラクルカード

実践例 ▶ p102

Theme

夜空の星々が導く
星空のロマンに思いをはせる

　ロマンあふれる星物語を美しいイラストと優しい言葉であらわしています。神話の登場人物になぞらえてメッセージを理解することができ、星占いに興味がある人や、星空を眺めるのが好きな人におすすめです。

著　鏡リュウジ
イラスト　貴希
発行　株式会社河出書房新社
枚数　48枚
価格　¥2,750（¥2,500＋10％税）
カードサイズ　H128 × W89 [mm]

Point

満点の星空を
眺めているよう

　海外でもオラクルカードのイラストを手がけている貴希さんによる、美しくファンタジックなイラストの数々が魅力です。テーブルの上にカードを並べるだけで、壮大な神話の世界が広がり、まるで満点の星空を眺めているような気分になれるはずです。

神話になぞらえて
読み解く

　神話の登場人物や情景に自分をなぞらえて、読み解くことができます。前向きなメッセージが多く、読み手の背中を押してくれるカードです。鏡リュウジさんによるわかりやすい解説は、これから星座や神話について知りたいという人にもおすすめです。

願いをかなえる
護符を活用して

　解説には、読み解きの記録ができる「オラクルカードジャーナル」や、様々な疑問にていねいに答えてくれるQ&A、「恒星の護符」も掲載されています。護符は紙に書き写してもOK。自分の願いにふさわしい星を選び、身につけるとよいでしょう。

Card Sample

裏面はこちら!

1枚引いてリーディングしてみました

将来のお金について、漠然と不安です。どうしたら解消されますか?

31. Draco
竜座

カードの意味は?

　あなたの道を阻む、なにかしらの試練がありそうです。宝を守る竜のように、それは強大な敵に思えます。でも、あなたの内なる力はそれをこえるパワーがあるはず。本当の敵はあなた自身。果敢に挑めば必ず成功します。

「プトレマイオス式　星座オラクルカード」解説より

読み解くなら…

あなたにとって大切なものをみつけましょう

　古来、竜は宝の守護者でもありました。あなたにとって本当の「宝」とはなんでしょうか。お金に対する不安は、大切なものがなにかみえていないことと関係がありそう。竜が隠し守っているあなただけの「宝」を具体的に考えてみましょう。

Flower message Oracle card

フラワー メッセージ オラクル カード

実践例 ▶ p138

Theme

すべての花は美しい
自分の花を咲かせて

　色とりどりの花に、前向きであたたかいメッセージがそえられています。人々を癒やす花のように、自分自身や大切な人の心に寄り添うことで、優しい世界を広げてほしいという思いがこめられたカードです。

著　沁、はる菜
イラスト　沁
発行　沁
枚数　50枚
価格　¥6,050(¥5,500+10%税)
カードサイズ　H120 × W50 [mm]

Point

洗練された
シックな雰囲気

　シックで繊細なセンスがあふれる花々の世界は、カードはもちろんパッケージにいたるまで細部にこだわってデザインされています。どのカードを引いても、みるものの心を一瞬でつかむおしゃれなたたずまい。もっているだけで優雅な気分になれそうです。

スリムで
もち運びに便利

　一般的なカードよりもスリムでもち運びに便利なだけでなく、縦長のカードは小さな手でもシャッフルしやすいので、つかう人を選びません。バッグやポケットに忍ばせておけば、いつでもカードを引くことができ、頼れるパートナーになってくれるでしょう。

長い文章が苦手でも
つかいやすい

　オールカラーの解説には、カードのタイトルとキーワード、シンプルで前向きなメッセージが書かれています。長い文章を読むのが苦手な人や、かえって混乱するという人も取り組みやすいはず。心に寄り添うやわらかなメッセージに癒やされるでしょう。

Card Sample

裏面はこちら!

1枚引いて リーディングして みました

最近仕事がマンネリ。
自分に不足しているのはなんでしょう?

brodia
ブローディア

カードの意味は?

大切なことは心に残っています。なに気なく話した言葉が相手の心に種をまき、大切な宝物として育っていくこともあるようです。

「Flower message Oracle card」解説より

読み解くなら…

自分以外に力を注いでみましょう

自分ではマンネリを感じているかもしれませんが、まわりの目に映るあなたは華やかで存在感のある人のようです。組織に所属しているなら、仲間の成長をサポートすることに注力し、ひとりで仕事をしているのなら、まわりの人にスポットライトを当ててみてください。あなたはきっと感謝され、仕事にも満足感を得ることができます。

レインボーエンジェルズ クリスタルカード

Rainbow Angels
Crystal Card

クリスタルから放たれる虹の光は
あなたそのものの輝き

実践例 ▶ p156

Theme

クリスタルの
エネルギーを感じて
愛のメッセージに癒やされる

　クリスタルを通して伝えられる「虹の羽の天使」からのメッセージが書かれています。クリスタルそのものだけでなく、まわりに放たれている輝きからも神秘的なエネルギーを得ることができます。

著　チームレインボーエンジェルズ
フォト　SYLPH
監修　穴口恵子
発行　株式会社ダイナビジョン
枚数　44枚
価格　¥4,180（¥3,800＋10％税）
カードサイズ　H126 × W88 [mm]

Point

ときめきがきらめく宝石箱のような世界

　ローズピンクのかわいらしいボックスを開けば、キラキラと輝くクリスタルのカードが。まさに宝石箱を開けたときのようなときめきがあります。カードを手に取ってじっくり眺めましょう。クリスタルのきらめきに、それだけで心が癒やされるはずです。

メッセージが愛にあふれている

　自分を愛すること、ほかの人を愛すること、愛を信頼すること、大切にすることなど、愛に関する優しいメッセージを伝えてくれます。このカードにふれることで、「人の幸せの源は愛である」ということを思い出し、あたたかな気持ちになれるでしょう。

クリスタルのエネルギーが輝く

　カードには、クリスタルから美しく放射されるエネルギーが映し出されています。クリスタルは何千年というときをかけて、あらゆるエネルギーを吸収し、調和させた結晶。みて、ふれて、身につけることで、私たちのエネルギーも整った状態へと導かれていきます。

Card Sample

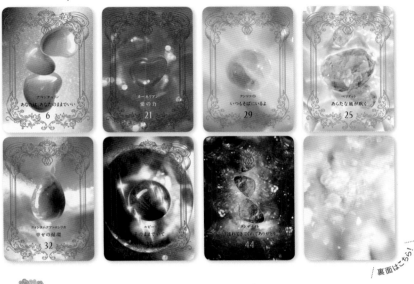

裏面はこちら↓

1枚引いてリーディングしてみました

今のダイエットが自分に合っていないみたいです。どうしたらよいですか?

2. アメジスト

カードの意味は?

傷つくことを怖がったり、人と距離を取りたくなったりするのは、あなたが深い愛をもっているから。大切だからこそ、損なわれることをおそれてしまうのです。あなた自身を含めたあなたにとって大切な人すべてを信頼し、愛を注いでください。

「レインボーエンジェルズクリスタルカード」解説より

読み解くなら…

一度休んで自分を受け入れましょう

結果に期待しすぎなのかもしれません。少し休んで自分を受け入れましょう。「今のままでも悪くない」と考えてみて。ありのままの自分を愛し、リラックスしたとき、自然と欲しい情報が手に入って、ダイエットもうまくいくはずです。

ロータスカード

法華経の智慧を日常に活かす

सद्धर्मपुण्डरीक सूत्र
ロータスカード
सद्धर्मपुण्डरीक सूत्र
LOTUS CARDS
सद्धर्मपुण्डरीक सूत्र

著者 草野妙敬
作画 ひろん
監修 身延山大学長 浜島典彦

実践例 ▶ p142

Theme

仏の教えを聞いて心をしずめる
法華経の叡智(えいち)を学ぶ

　法華経の教えに基づき、人生とはなにか、幸せとはなにかを記したカードです。感情にふりまわされそうになったとき、心を解きほぐし穏やかな気持ちにさせてくれる、説法のような作用があります。

著 草野妙敬
イラスト ひろん
発行 株式会社林武利
枚数 49枚
価格 ￥3,850(￥3,500＋10%税)
カードサイズ H126 × W89 [mm]

Point

法華経の
知識を学べる

　カードにはお経の言葉が記されており、解説で詳しい内容を知ることができます。つかっていくうちに、自然と法華経の教えが理解できるようになっていくので、仏教の世界に興味があるけれど、難しそうで一歩踏み出せない人におすすめのカードです。

心が解きほぐされ
整っていく

　落ち着いた色調で描かれたイラストには、私たちの心を解きほぐしてくれるようなあたたかさがあります。やわらかな口調でつづられるメッセージを読むと、イラストのもつ静けさをより一層感じることができるでしょう。心を整えたいときに引きたいカードです。

お寺の説法のような
癒やしがもらえる

　解説にあるメッセージは、お経の内容を噛み砕いて、私たちにも理解しやすい言葉で記されていて、お寺で聞く説法のようにわかりやすくなっています。理路整然としていながらも穏やかな語りは、あらゆる悩みを抱える人の心を癒やしてくれるはずです。

Card Sample

裏面はこちら!

1枚引いてリーディングしてみました

プレッシャーで自分らしくいられません。
心を楽にしたいです……。

唯佛与佛 乃能究尽 諸法実相

ゆいぶつよぶつ　ないのうくじん
6. 唯佛与佛 乃能究尽
しょうほうじっそう
諸法実相

唯佛と佛と乃し能く諸法の実相を究尽したまえり

カードの意味は?

　この世界は自作・自演の仮の世界です。その世界を"ありのまま"にみられたなら、そこに描かれる人生はシンプルにして奥深く、色鮮やかなものになるでしょう。世界を真っ白にみられたとき、可能性は無限に広がるはずです。

「ロータスカード」解説より

読み
解くなら…

感情の世界から
抜け出しましょう

　期待にこたえようという気持ちが強すぎるのかもしれませんね。まわりをシャットアウトし、自分自身と向き合いましょう。周囲がどう思っていたとしても、あなた自身はかわりません。余計なことは考えず、ただ行動すればよいのです。

ワークユアライトオラクルカード

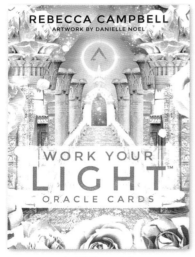

実践例 ▶ p122

Theme

すべての叡智（えいち）はひとつの場所に
集まっている
スピリチュアルを幅広く取り入れる

　もって生まれた才能という「光」をみつ
けるカードです。自身の心の声を聞き、内
側に眠っているポジティブな感情を呼び起
こしましょう。頭で考えすぎず直感でメッ
セージを受けとることが大切です。

著　レベッカ・キャンベル
イラスト　ダニエル・ノエル
翻訳　長井千寿
発行　株式会社JMA・アソシエイツ
枚数　44枚
価格　¥3,960（¥3,600+10％税）
カードサイズ　H126 × W89 [mm]

Point

美しく幻想的な
世界が広がる

　ピンクと水色を基調に描
かれているのが特徴的なイ
ラストは、カードの神秘的
な世界観を見事に表現して
います。インテリアとして
飾るのもよいでしょう。美
しいだけでなくみるもの
の感性を刺激する構図やモ
チーフが、インスピレーショ
ンを高めてくれるはずです。

自分の意識が
ある場所につながる

　一般的に「アカシックレ
コード」や「宇宙図書館」
という言葉で表現されてき
た、自身の意識がある場所
という概念を総称し、「す
べての知恵が存在する意識
の場所」と呼んでいます。
その「意識の場所」にこの
カードをつかってアクセス
することができます。

あなたの「光」を
活性化できる

　著者は、自身が生まれな
がらにもっている「光」を
働かせることで、より人生
を輝かせることができると
語っています。「光」はも
ともと自分の意識のなかに
あるため、何度もアクセス
を試みることで、働きを活
性化させることができるよ
うになります。

Card Sample

裏面はこちら！

1枚引いて リーディングして みました

離婚する予定です。
気まずくならないためにはどうしたらよいでしょう?

ANSER THE CALL
使命を果たす

カードの意味は?

　あなたは魂の呼びかけにこたえられる状態にいます。魂の計画をすべて知る必要はありません。あなたはただ次のステップに進むだけです。目的地というものは存在せず、正しい方法や間違った方法というのもありません。

「ワークユアライトオラクルカード」解説より

新しい人生のことだけを考えましょう

　離婚したあとにどうなるかは、あなたがコントロールできる問題ではありません。ただありのまま素直でいればよいのです。離婚するということは、新たなスタートに立つということ。新しい人生の門出を喜び、祝福し、存分に楽しんでください。

ワイルドアンノウン
アニマルスピリット

実践例 ▶ p152

実践例 ▶ p152

Theme

野生動物と共通する
人間の本能を感じる
動物の生態から教訓を得る

野生動物からのメッセージを受けとる
カードです。普段ふれることの少ない動物
と意識の交流を図りましょう。私たち人間
も大いなる自然の一部であり、動物である
ことを思い出させてくれます。

著・イラスト キム・クランス
翻訳 芦田奈緒
発行 株式会社JMA・アソシエイツ
枚数 63枚
価格 ￥7,480（￥6,800＋10％税）
カードサイズ H121 × W70 [mm]

Point

パッケージが
モダンで豪華！

　ホログラム入りの大きな
ボックス、本のようにしっ
かりとした解説書、小さな
ボックスに入ったカードと
いった具合に、とても豪華
なパッケージ。モノトーン
でまとめられており、洗練
された印象で、ほかとはひ
と味違うカードが欲しい人
におすすめ。

動物の一瞬の姿に
メッセージが

　モノトーンのイラストが
写実的でありながら、どこ
か愛らしさがあるのは、動
物たちのチャーミングな表
情を巧みにとらえているか
ら。メッセージとイラスト
の作者が一緒なので、世界
観が統一されて、静けさに
息づく「動」にメッセージ
があらわされています。

散りばめられた
ヨガのエッセンス

　解説ではヨガにふれてい
ることが多く、最後のカー
ドでは「コズミックエッグ」
という第7チャクラにふれ
て締めくくられています。
自然とアニマルスピリット
にヨガを結びつけることで、
神秘的でありながら実践的
なメッセージを届けてくれ
ます。

Card Sample

BEE

CHEETAH

COBRA

LAMB

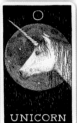

UNICORN

DOLPHIN

PHOENIX

裏面はこちら！

1枚引いて リーディングして みました

旅行先が決まりません。どこに行けばよいですか？

COSMIC EGG
コズミックエッグ

カードの意味は？

コズミックエッグは宇宙の意識が姿をあらわしている状態を意味します。このカードによって、私たちは宇宙と最初に交わした契約を思い出すはず。それは、私たちが人生を諦めず、人生も私たちを諦めないということです。

「ワイルドアンノウン アニマルスピリット」解説より

自然が豊かな場所へ向かってください

経験を積んだあなたは、まわりや自然とのつながりが希薄になっていることに気づいているはず。大自然のなかで目を閉じ、深呼吸することで、孤独であるという幻想が取り払われ、あなたにエネルギーが注がれるでしょう。

ハウトゥーラブユアセルフカード

実践例 ▶ p108

Theme

言葉がもつ力を信じて
ありのままの自分を愛する

　ありのままの自分を受け入れ、愛することを提唱しています。また、カードに書かれた言葉を信じ、口から発することでそれを実現することができるという、ポジティブな効果も得られるでしょう。

著　ルイーズ・ヘイ
翻訳　野原みみこ
発行　株式会社JMA・アソシエイツ
枚数　64枚
価格　¥3,630（¥3,300＋10%税）
カードサイズ　H95 × W95 [mm]

Point

世界を導いてきた
第一人者によるカード

　ルイーズ・ヘイはスピリチュアルリーダーとして、世界中の人に影響を及ぼしてきた第一人者。「人生に対する考えかたを徹底的にポジティブにかえる」という彼女のコンセプトに基づいてつくられていて、私たちに希望と癒やしを与えてくれます。

言葉にすることで
願いをかなえる

　引いたカードのメッセージを口に出して唱え、自分の意識に取りこむのがポイントです。日本にも「ことだま」という言葉があるように、実現したいことを口に出すことで願いがかなうという、スピリチュアルなアクションが元になっています。

ありのままの自分を
愛せる

　カードの両面に書かれた前向きなメッセージは、解説がなくともあなたの心に直接語りかけます。つかっているうちに、ありのままの自分を受け入れ愛せるようになり、まわりの批判も気にならなくなるはず。そうすれば、あなたはもっと輝くことができるでしょう。

Card Sample

1枚引いて リーディング して みました

最近チームの輪が乱れている気が……。
自分にできることはありますか？

**THERE IS NO NEED TO
STRUGGLE TO BE BETTER.
ALL I NEED TO DO IS LOVE
MYSELF MORE TODAY THAN
YESTERDAY AND
TREAT MYSELF AS SOMEONE
WHO IS DEEPLY LOVED.**

もっと良い人になろうと無理をしなくていいのです。
大事なのは、昨日より少し多めに自分を愛してあげること。
私は深く愛されている、そう思って自分をいたわって。

読み
解くなら…

今は自分を癒やし、愛しましょう

　あなたに今できることは、気をつかいすぎて疲れきった心を癒やすこ
と。がんばっている自分をほめ、愛しましょう。あなたが愛にあふれて
いれば、まわりの人も自然と笑顔になれるはずです。全員がなかよくな
ることではなく、みんなが自由に気持ちを表現し、それぞれが心地よい
と感じる距離でつきあっていけることを目指しましょう。

いつも、もうひとつの
未来を探しましょう

オラクルカードでなにかを決めたいとき
イエスかノーという、ふたつの選択肢で悩みがちです。
でも本当は、3つめの選択肢もあるはず。

結婚するかしないかで迷っていたとします。イエス（結婚する）にしろ
ノー（結婚しない）にしろ、現実はそれほどシンプルではないでしょう。
結婚しない場合、「別れる」だけが結論ではなく
交際を続けるという選択肢もありますね。
結婚するほうを選んでも、同居にするか別居にするか、籍を入れるかどうか
スタイルは様々。
結婚するかしないかの二択がどんどん増えて
未来の形も広がっていきます。

未来は、そのときが訪れるまで決まっていません。
そのことを忘れないで、イエスかノーの道だけでなく
もうひとつの未来を探して。
そうすることで、カードの読み解きが広がるでしょう。
ひとつの道が分岐する可能性を心に用意して
オラクルカードを引いてみましょう。

Part 2

オラクルカードを
はじめましょう

カードの読み解きを上達させて
自由につかいこなすには
どうしたらよいのでしょう。
心がまえから、プロのコツ
効果的なワークまで
様々なアプローチで探ります。

オラクルカードを読み解ける
ようになるには？

オラクルカードの美しい絵柄は、眺めているだけでも心地よいものです。
ところが、カードのメッセージを読み解こうとすると、とまどうことも。
カードと向き合ってよりよいパートナーになるために
いちばんはじめに気持ちを準備して。
あなたがもっている力を引き出しましょう。

あなたも力をもっています

　オラクルカードは、特別な力のある人だけが読み解けるものではありません。

　メディアやSNSには、「聖なる存在とつながる人」や「オーラの色がみえる人」などの情報があふれています。自分にはそんな特別な力もないし……と、スピリチュアルの世界を敬遠する気持ちになるかもしれません。

　でも、「直感」や「インスピレーション」ならどうでしょう。

「なんとなく、居心地が悪そう」

　はじめておとずれたレストランなのに、入った途端にそんな気がした経験はありませんか？

「なんとなく、この色のほうがいいかも」

　緊張する人と会う日、普段はあまり着ない服を選んだ経験はありませんか？

「なんとなく、こっちかな」

　自宅への帰り道にふと思いついて、いつもと違う道を通って帰ってみた経験はありませんか？

「なんとなく、よいことが起きそう」

　どうしてだかわからないけど、わくわくする楽しい気持ちで一日をスタートさせた経験はありませんか？

　これらはすべて、直感やインスピレーションの働きです。あるときは危険を予見してあなたを守ったり、あるときは新しい気づきをもたらしたり、私たちにたまにおとずれて不思議な導きを示してくれます。

　オラクルカードは、このような、なんとなくつかっている力に意識を向けさせ、自分のために自由につかえるようにするためのツールです。

読み解けないのはどうして？

　オラクルカードは誰でもつかうことができますが、手にとった瞬間からスムーズに読み解けるとはかぎりません。

＊ **直感やインスピレーションを信じていない**
＊ **なにごとにも正解を求めようとしてしまう**
＊ **やることがあって忙しく動いているほうが安心する**

　こんな人は、最初は少々ハードルが高いかもしれませんね。
　どうしても理由や原因を考えてしまう、インスピレーションを感じる方法がわからない、といったように、理屈で思考してしまうからです。そうすると、直感やインスピレーションは発揮されにくくなってしまいます。
　カードに向き合うときは、考えるスイッチをオフにして、「感じるモード」を全開にしておくことが大切です。

＊ **心が感じたことを信じてみる**
＊ **肩の力を抜いてリラックスする時間をもつ**

　このように、まずは簡単なことからはじめてみましょう。

どんな人でも読み解けるようになります

　自分の性格というのは、簡単にはかえられないかもしれません。それでもカードをつかっていくうちに、直感やインスピレーションはみがかれていくものです。
　読み解きが苦手だった人が、どんどん上達するということは、今までつかっていなかった力がつかえるようになるということ。あなたの可能性をどこまでも広げるパスポートを手に入れるようなものですね。
　オラクルカードは、目の前の問題に対するメッセージやアドバイスを受けとるだけではありません。カードが読み解けるようになると、自分のありかたや心といった、内面が変化していく人も多いようです。
　自分をよりよくかえていってくれるパートナーとして信頼することが、読み解きができるようになる第一歩です。

プロフェッショナルに聞く
読み解きのコツ

オラクルカードの読み解きかたは、つかう人によって様々。
プロフェッショナルは、どんなことを大切にしているのでしょう。
カードの著者やイラストレーター、講師の人たちに
人をカードで読み解くときに気をつけているポイントを聞いてみました。
自分のため、友だちのための参考にしてみてください。

よけいな意図をたさず、ありのままを伝えましょう

感じたままに伝えるのが大前提なので、カードの絵の印象と書かれている言葉からイメージを広げて伝えるのが好きです。解説はあまりみません。質問に自分の意図をこめないように工夫しています。自分の感じたことに自信をもつことも大切だと思います。（オラクルカード講座講師・二宮り音さん）

カードにあらわれた「ありのまま」を伝えるように心がけています。読み解きの結果に自分の先入観や価値観を含ませないよう、ときにはクライアントにとって不都合なこともちゃんと話すようにしています。（オラクルカード販売店ホノカ社・中村茂樹さん）

自分のなかから答えを導く手助けと考えて

読み解きは、カードを通して相手に気づきを与え、最終的には自分で答えを導きだすためのツールだと思っています。悩みをかかえている人は、自分のなかにいくつかの選択肢があり、行動に起こすきっかけや、あと押しをしてくれる言葉を必要としています。カードは人の行動を決定したり、強制したりするものではなく、相手が自身の選択肢と向き合い、行動へとつなげる仲介の役割を果たすものだと思います。（「日本の密教カード」「エンジェルプリズムカード」画家・奥田みきさん）

相手が未来のために建設的な選択をできるよう、質問を明確に意識して、メッセージを伝えています。一方的に伝えるのではなく、相手と会話を重ね、そのうえで降りてきた情報をそのまま伝えるようにしています。（「日本の神様カード」シリーズ著者・大野百合子さん）

知識をたくわえ、環境を整えることも大切

①カードをみて気になるものやこと（アイテム、シンボル、色、人物の表情、わいてくる感情など）、なにかを感じたときの感覚をすべて言葉にします。
②つかうカードを眺め、興味をもったことを調べておきます。知らない言葉があればその意味を、ひかれるモチーフがあれば由来を調べます。直感と知識のバランスが大切です。（オラクルカード研究家・SETSUKO さん）

自然の素材や香りなどで部屋や自分を満たし、エネルギーの高いリラックスできる空間を準備することと、自分を整えるところからはじめます。次に、宇宙とつながる集中力を高め、質問のテーマをしっかりと投げかけます。キャッチしたメッセージは、引いたカードに水鏡のようにクリアにあらわれます。メッセージやバイブレーションを感じられるように、普段から暮らしを大切にして感性をみがくことも、読み解きには大切です。（オラクルカード作家・hosi7 ほしななさん）

LUAのカードつかいこなし術

毎日カードを引きましょう

　オラクルカードの意味は、解釈しだいで無限に広がっていきます。あなたの解釈は、あなたにしか導けないといってもよいでしょう。解説にとらわれすぎず、自分の感覚や言葉をつかって表現していくことが大切です。

　そのためには毎日カードにふれるのがいちばん。簡単なことでかまいません。気軽に気になるテーマを質問にしましょう。

「今日はどんな日になりますか？」

「楽しく過ごすにはどうすればよいでしょうか？」

「人への接しかたで心がけることはなんですか？」

「気をつけたほうがよいことはなんですか？」

　一日のはじまりにカードを引いて、一日の終わりにそのカードをみつめてふりかえってみましょう。引いたときはあいまいなイメージでも、ふりかえると、その日起きたことと結びつく場合も。

　ふれあいを続けるうちに、カードが示すことを受け止めやすくなるはずです。

慣れるまで実践を
くりかえしましょう

「経験に勝る学びなし」というように
実際にふれて、トライすることによって知識やテクニックが身につきます。
理屈だけでなく、経験を積んでいけば
自分の読み解きに納得できるようになるでしょう。
つまずいても気にせず、読み解きの力を高めましょう。

不安や疑問を感じるのはあたりまえです

　まず、場数をこなすことがなによりも大切です。カードの読み解きにショートカットできる道はありません。プロフェッショナルの多くが「たくさん引いて経験しましょう」といっています。

　自分のためにカードを引くのもよいですし、友だちの質問に答えるのでもかまいません。数をこなして、「引いて読み解くこと」をくりかえしましょう。

　オラクルカードをつかいはじめたばかりだと、「この読み解きかたであっている?」「頭で考えて答えを出しているだけかも」と様々な不安や疑問が頭をよぎることがあるでしょう。これは、多くの人がぶつかるハードルで、決して、あなただけではありません。気にせずたくさんトライしていきましょう。

難しいものと思っていませんか

「カードを読み解くのって難しい!」と、苦手意識をもったままでは、読み解きにくさはなかなか解消されません。なぜなら、あなたがオラクルカードを難しいものと思いこんで、どこか信じきれずにいるから。カードとの間には、まだ距離があるといえるでしょう。

　けれど、カードに何回もふれていくうちに、いつもと違うとわかる瞬間がやってきます。悩んだり迷ったりせずメッセージを受けとることができるようになるのです。

「わかった!」という手ごたえを重ねることで、カードに対する自信が生まれます。カードとのつながりがいよいよ深まっていくでしょう。

カードとのつながりを感じられたら

　少しずつカードが読み解けるようになってくると、今まで考えもしなかったヒントがみえて世界が広がっていく感覚をもちはじめるかもしれません。何回も続けて同じカードが出てきて新しい読み解きが生まれたり、カードをみた途端に答えが浮かんだり、そんなことも起きるでしょう。

　こうした体験をすると、オラクルカードは特別な力で読み解くものではない、ということを実感するでしょう。

　直感をみがいて、私たちにもともと備わっている力を自然につかうこと、それがオラクルカードの読み解きなのです。

 LUAのカードつかいこなし術

結果をあせらないこと

　オラクルカードは、あらゆることから気づきやヒントを得て、いくつかの可能性から選択肢を導くためのツールです。

　カードを引いた瞬間に答えに行き着くときがある一方で、ずっとわからないまま、ふとした瞬間に気づくこともあります。初心者にかぎらず、長年オラクルカードを愛用している人にも、同じことが起こるものです。

　カードの意味がわからない、カードがまったく答えを教えてくれないなどと思っても投げださないで、あせらずに、じっくり向き合っていきましょう。

デッキごとのノートをつくってみましょう

　デッキ別にノートを用意して、自分なりの解釈をまとめましょう。1枚につき1ページを割り振り、カードをみて思ったこと、気づいたことなどをなんでも記録していきます。

　心のありかたや、置かれている状況などによって、人の考えは変化していきます。日にちがたってからノートを読みかえしてみると、悩んでいたことに答えがひらめくなど思ってもみなかった新しいヒントをみつけられるかもしれません。

自分をクリアな状態に
しましょう

カードの読み解きに必要な直感をみがくには
クリアな自分でいることが大切です。
この状態を保つことで、本来の自分が取り戻され
カードからのメッセージを受けとりやすくなります。
そのために心がけたいポイントを紹介しましょう。

自分をクリアにするとは？

　クリアな状態とは、心のなかにわだかまりや葛藤がないことを指します。すっきりとした、すがすがしい気持ちのときです。

　オラクルカードを読み解くためには、自分自身をクリアにして、本来の自分でカードに集中することが大切。そうすることで、インスピレーションの扉が開きやすくなるでしょう。

　クリアな自分になるのは簡単なことではありません。私たちは社会で役割をいくつも担っています。地域、職場、家庭、友だち、家族……たくさんの人間関係に囲まれています。そのなかでは絶えず、多くのハプニングやアクシデントが起きているでしょう。

「想定していなかったことが起きた」
「大事な物が壊れてしまった」
「友だちと誤解が生じた」

　ことあるごとに、心や感情が揺さぶられたり、不安やおそれなどの気持ちでいっぱいになったりするのが、私たちです。

　なにごとも起きず、なにものにもとらわれない状態を保つなど、とてもできることではありません。

本来の自分を取り戻しましょう

　自分をクリアにできないのは、生活のあれこれに悩まされたり、忙しさのためだけではありません。そもそも、心を静かに保ち、わだかまりや葛藤を手放すことはとても難しいものなのです。

　本来の自分をみつめる「自分とはなにか」という問いは、人がこの世界に誕生して以来、考え続けているテーマです。試行錯誤がくりかえされ、宗教や哲学、心理学といったかたちになりました。

　そのなかから、自分をクリアにして本来の自分を取り戻すため、たくさんの「ワーク」が生み出されています。

　ワークとはスピリチュアルの領域へと自分を開いていく、活動や学習のこと。先人から続く知恵を日常にとり入れて、自分をクリアにし、カードの読み解きを的確に行えるようになりましょう。

* **イメージの力をつかうワーク** … 誘導瞑想、グラウンディングなど
* **言葉のもつ力をつかうワーク** … 経、祝詞、マントラ、アファメーションなど
* **心の働きを静かにするワーク** … 呼吸法、瞑想など
* **エネルギーを調整するワーク** … エネルギーヒーリング、チャクラの調整など
* **植物や鉱物の力によるワーク** … アロマセラピー、クリスタルヒーリングなど
* **自然、元素の力をつかうワーク** … 滝行、山行、水行など

トライしやすいワークを日常にとり入れて

　紹介したワークはどれも、長い年月を経て何度もくりかえされ、多くの人に受けつがれてきたもので、それぞれに特長があり、よさがあります。気になるワークがあればトライしてみましょう。

　とはいえ、なにからはじめたらよいのかわからないかもしれませんね。時間や場所を選ばず、初心者にもやさしい、オラクルカードの読み解きに効果的なワークを知りたい人のために、次のページでおすすめを紹介します。

　誰でも好きなときに、自分の部屋で行うことができるので、続けていきやすいワークです。

グラウンディングで
ステップアップ

グラウンディングとは、あなたを内面からクリアにし
グラウンド（地面）にしっかりと足をつけた状態にするためのワークです。
グラウンディングを行えば集中力が高まり
直感がとぎすまされるでしょう。
読み解き術もワンランク、アップできるはず。

大地とつながり、本来の自分を取り戻しましょう

「グラウンディング」とは「地に足をつけること」を意味します。

私たちがスピリチュアルの力を発揮するためには、体と大地をしっかり結び
つけることが大切です。スピリチュアルの力を高めるのに、体が大切なんて不
思議に思うかもしれませんね。私たちにある目にみえない部分は、すべて体
のなかに入っているのです。

地に足がついていない、つまりグラウンディングができていないと、フワフワ
と浮ついて、言動がさだまらず、様々な不調和が生まれるといわれます。それは、
どんな状態のことでしょうか。

* 心配や不安にばかりエネルギーをとられて疲れる
* 理屈であれこれ考えているわりに答えが出ない
* 事実ではないこと、空想や妄想が次々に浮かんで、不安になる
* 未来や過去が気になって、「今」を考えられない
* 自分に軸がなく、人に振りまわされてしまう

このような状態にあてはまるときはありませんか？

グラウンディングは、不調和を防ぎ、しっかりと大地とつながって自分をク
リアにし、本来の自分を取り戻すワークです。このワークを行うと、イライラや
あせり、不安などが解消されるのを感じるはず。

好きな時間に、落ち着ける部屋で、リラックスした状態ではじめましょう。

STEP（1）いすに深く腰かけ、深呼吸する

背筋を地面と垂直にして、いすに深く腰かけ
ます。背もたれに体重をあずけないようにし
ましょう。足裏は、地面にしっかりとつけた
状態にします。両手は、体の前で重ねても、
ももの上に置いてもOK。目を閉じて深呼吸
をしましょう。鼻呼吸が基本です。

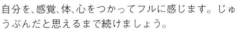

STEP（2）光のコードをイメージする

<ruby>仙骨<rt>せんこつ</rt></ruby>（骨盤の中央）のあたりにある第1チャク
ラ（※）に意識を向けます。第1チャクラか
ら、光のコードが地面に向けて伸びる様子を
イメージします。光のコードは、太くて強固
なものをイメージしましょう。

STEP（3）コードが降りていくイメージをする

光のコードが地球の中心まで降りていくことをイメージしましょう。

STEP（4）地球の中心とつながるイメージをする

地球の中心にたどりついた光のコードが、地球とかたく結ばれることをイメージします。コー
ドを通して、様々なエネルギーが循環する様子をイメージしましょう。地球とつながっている
自分を、感覚、体、心をつかってフルに感じます。じゅ
うぶんだと思えるまで続けましょう。

STEP（5）コードをはずし、引き上げる

感謝の気持ちをもち、ゆっくりと光のコードを地
球からはずします。コードがどんどん地上に引き
上げられてくることをイメージしましょう。

STEP（6）光のコードを体に戻す

光のコードが第1チャクラに戻ってきたことをイ
メージします。

※チャクラは、体のエネルギーポイント。体のラインに
沿って7つあるといわれます。詳しくはp175を参照。

日常生活を整えましょう

オラクルカードを読み解くヒント、最後は毎日に気を配ることです。
日常をみなおし、意識してていねいな生活をすることで自信がつき
セルフイメージが高まっていくでしょう。
ありのままの自分を認めれば、オラクルカードの世界で
自由なひらめきから、メッセージを建設的に読み解いていけるはず。

アスリートの心がけにならいましょう

アスリートと呼ばれるプロスポーツ選手は、厳しい練習もさることながら、日常生活にも配慮しているといわれています。

食べものに気をつける、体を冷やさないように気づかう、筋肉がこわばらないようにストレッチを行うなど、一流といわれる選手ほど、日常生活の過ごしかたに意識的だそうです。

日ごろの練習は、こうした日常の配慮があってはじめて、効果的に実を結ぶことがわかります。

じつは、オラクルカードの読み解きも同様です。読み解きの実践やふりかえりをたくさんしたり、スピリチュアルのワークを毎日していても、日常生活にまったく無頓着なのは NG です。

生活をふりかえりましょう

オラクルカードの読み解きでは、自分をクリアにすることがとても大切と伝えてきました。ただ、日ごろから不満が多い人や、忙しすぎて自分の時間がもてない人が自分をクリアにするのは、なかなか大変なことでしょう。

自分自身をクリアにするためには、日常生活をどのように過ごすかも、じつはとても大切なことなのです。

日々の意識の積み重ねが、心身を整え、オラクルカードの読み解きをしやすい土台をつくり上げてくれます。

日常生活をふりかえって、自分の行動をみつめなおしてみましょう。

次のページに挙げた心がまえについて、セルフチェックをしてみて。あてはまることがあれば意識して改善していきましょう。

- ✲ **人を思いやって**
  不安やあせりから人を傷つけることをいったり、行動をしたりしていませんか。
- ✲ **かかえこまないで**
  他人にまかせられず、キャパシティ以上に仕事をかかえこんでいませんか。
- ✲ **人にも自分にも正直に**
  つい大げさなことをいっていませんか。自分に嘘をつくことはやめましょう。
- ✲ **自分本位にならない**
  自分の都合で、相手の時間やエネルギーをつかっていないかふりかえりましょう。
- ✲ **生活リズムを整えて**
  不規則な生活をしていませんか。夜ふかしや暴飲暴食は避けましょう。
- ✲ **清潔を保つこと**
  身だしなみや身のまわりに気づかっていますか。誰がみても気持ちのよい状態を保つことは、心によい影響をもたらします。
- ✲ **欲張らない**
  人と比べていませんか。与えられた状況や環境を大事にしましょう。

LUAのカードつかいこなし術

スピリチュアルの力を意識しましょう

　現代の便利な暮らしのせいで、私たちはみずからに迫る危険を察することに鈍感になり、人に備わる野生の力がどんどん奪われています。

　本来は、背後から危険が迫っていたら後ろをふりかえらなくても、気づいて身をかわすこともできるはずです。ところが今では、スマートフォンをみながら周囲に気を配ることもなく歩いてしまいがち。

　これでは、なにも察知できません。違和感に気づく力をなくしたら、スピリチュアルなものを感じることも難しいでしょう。

今、ここにある自分をみつめて

　五感を通じて感じる危険や、人との間に流れる空気を読みとっていきましょう。

　生まれてきたということは、肉体を得て魂を宿したということ。スピリチュアルの力は、誰にでも備わっています。そのあらわれかたは人それぞれで、わかりやすい人も、わかりにくい人もいます。この世に存在する「自分」を意識することが大切です。

　そのためには、今、ここに存在する自分をみつめることです。ほかのことを考えず、目の前のことに集中しましょう。

人と違うものを選んで
思考をスイッチ

「みんなが持っていると、私も気になる」などと
考えること、ありませんか？
人と足並みをそろえることは大切で、協調性が必要なこともあります。

一方で、みんなが間違っているときに
自分も一緒に誤った選択をしてしまう可能性だってあります。

オラクルカードは、「みんなに合わせましょう」という答えも
「あなたらしい道を切りひらきましょう」という答えも
両方を教えてくれます。

いつもニュートラルな視点から答えを選べるように
考えかたを柔軟にしましょう。
みんなが選ばない道では、自分でやりかたをみつけるしかないこともあるはず。
でも、その道を進めば、オラクルカードのメッセージを
自由に読み解く力をつけることができるのです。

日ごろから人の気持ちや考えかたについて分析し
自分の価値観をほぐしておいて。
オラクルカードを引くときに
思考をスイッチするエクササイズになるでしょう。

Part 3
実践
オラクルカード
リーディング

カードの基本的なつかいかたや
効果的なメッセージを受けとる
テクニックを紹介します。
実際にカードを引いて
答えを導いていくので
読み解きの参考にしましょう。

基本のつかいかたで
はじめてみましょう

カードを1枚引いて読み解くのが基本のつかいかたです。
知恵を拝借する気持ちで、引いたカードを素直に受け止めて。
思いがけないカードが出ても引き直すのはNGです。
必要なら「どうすれば改善できますか」など
新たな質問を立てて、さらにカードを引き足すとよいでしょう。

手を清める

手をていねいに洗い、しっかりと水気を拭き
とります。口をすすぐのもおすすめです。

質問を決める

聞きたいことを整理します。わかりやすい、
シンプルな言葉にしましょう。内容を具体的
にするほど答えを導きやすくなります。

カード起こしをする

箱やポーチからオラクルカードを取り出した
ら、机の上で軽くトントンとそろえ、カード
を目覚めさせます。

カードをシャッフルする

質問を思い浮かべながらカードをシャッフルしましょう。テーブルにクロスをしき、カードを伏せたまま広げ、両手ですべてのカードにふれるようにして、時計回りに混ぜます。トランプのようにカットするのもOK。

カードを1枚引く

シャッフルしながら呼吸を深めていき、落ち着いたところでカードを1枚引きます。引いたカードを表にします。

読み解く

まずはカードをみた瞬間に感じたことや、気になったところに注目しながら、メッセージについて考えます。そのあと解説を読んで、読み解きを深めましょう。

必要ならもう1枚引く

解決のヒントなど、答えをさらに深く知りたいときは、新しく質問を思い浮かべてカードを1枚引きましょう。

オラクルカードの向きは気にしません

カードを引いたとき、絵（または言葉）の上下（天地）が正しいときを正位置、逆さになっていたら逆位置といいます。

基本的にオラクルカードでは、正位置、逆位置は気にしなくてOK。神仏の意思をうかがうおみくじに正位置、逆位置がないのと同じです。

ただし、正位置、逆位置の解説のあるオラクルカードもあります。その場合は付属の解説に従いましょう。

モヤモヤを晴らす
セルフフリーセッション

なにもかもうまくいかない気がすると不安でいっぱいになりますね。
そんなときは「セルフフリーセッション」がおすすめ。
悩みの本質をつきとめるエクササイズです。
ひとつ答えが出るたびに、その理由を質問することで
モヤモヤした状態でも具体的なメッセージを受けとれるでしょう。

今、悩んでいることは?

今、あなたが悩ましいと思っていることを思い浮かべてください。複数の悩みが思い浮かんだら、まずは、ひとつに絞りましょう。

> 私のことどう思っているかな
> あの人と結婚できたらいいのに

> お金があればもっと幸せなのに
> 家や土地はどうなるのかな

カードを1枚引く

質問が決まったら、オラクルカードを1枚引きます。引いたカードを読み解いて、そのカードはデッキの山に戻さず、そばに置いておきます。

> あの人と結婚できる?

> 将来、財産をもらえる?

解決方法を質問する

「**どうしたら解決できますか?**」と質問しながら、カードを1枚引いて読み解きます。カードは②の隣に置いておきます。

> 交際する

> 家族と話し合う

実行するにはどうしたらいい?

次に聞くのは「**どうしたらそれを実行できますか?**」です。オラクルカードを1枚引いて読み解きます。答えを実行できなさそうなら、⑤でその原因を探ってみましょう。

> 相手に気持ちを伝える

> 自分の要望を正直に家族に伝える

なぜできないの？

「**それは、どうしてできないのでしょう？**」と質問しましょう。これは自分自身への質問でもあります。どんなリスクをおそれているのか、正直に心と向き合ってカードを引き、読み解きましょう。

> フラれたくないから

> 利己的な考えが家族にバレてしまうから

悩みの元を探る

悩んでいるのに行動できない理由がわかったら、悩みの元をつきとめます。「**そもそも①の悩みはどうして生まれたのでしょうか？**」　オラクルカードを1枚引いて読み解きます。

> あの人が好きだから

> 子どもに残せる財産をもっていないから

本当の願いとは？

さらに聞きましょう。「**⑥の思いはどこからきているのでしょうか？**」。この答えが、問題の本質に結びつく、あなたの本当の願いです。悩みの元である諦められない願いとはなにか、オラクルカードを1枚引いて読み解きます。

> あの人と一緒にいたい

> 家族に愛されたい

願いを叶えるためにどうする？

あらためて、「**どうすれば、願いを実現できますか？**」と聞きましょう。オラクルカードを1枚引いて読み解きます。悩みの本質から本当の願いがわかったことで、④のときとは異なる回答になることもあるでしょう。⑤のような気持ちも解消できるはず。

> もっと歩み寄って親しくなることからはじめる

> 家族と楽しむ時間をつくる

謎をひも解くように、モヤモヤを晴らして

　順番に問題をひとつとりあげ、モヤモヤのベールをはがしていくことで、自然と視界がクリアになります。悩みの元をつきとめるたび、本当の願いを叶えるためのカードを引いて。混乱しながら得るものより、ずっと具体的なメッセージが受けとれるはず。

　悩みごとがあってアドバイスを受けとったものの、自分には無理だとくじけそうなときにもおすすめです。④と⑤をくりかえして、本当に実行すべきことを探りましょう。

今の自分の状態を探る
フィーリングオラクル

1枚カードを引いたとき、「好き」「嫌い」「どちらでもない」といった
シンプルな印象を抱くことも多いのではないでしょうか。
「フィーリングオラクル」は、カードをみた瞬間の気持ちから
今の自分の状態を探る方法です。新しく購入したデッキや
あまりつかっていないデッキに慣れるためのエクササイズにもなります。

カードをすべて表向きに並べる

カードのイラストがみえるように並べます。
カットをしてからでも、番号順でも、手に
したときのままでもかまいません。

目を閉じて心と向き合う

カードを並べ終わったら、目を閉じます。
深呼吸をくりかえしながら
今の自分に向き
合いましょう。

カードを選ぶ

目を開けてカードをみわたし、今のあなたが
好きだと思うカードと、**嫌い、または
苦手と感じたカード**を選び、目の前に並べ
ます。ほかに**気になるカード**があれば、
それも並べておきましょう。気になるカード
が複数枚あってもかまいません。

選んだカードを読み解く

好きなカードには**あなたのやりたいこと
やうれしいこと**、嫌いなカードには**あな
たが抱えている問題や苦手なこと**が
あらわれています。気になるカードは**これ
から浮上する新しいテーマやできご
と**を象徴します。

自分が求めていることを知り、まっすぐ進みましょう

　同じデッキで毎日、フィーリングオラクルを行ったとしても、選ぶカードはかわるはず。いくつかデッキをもっているなら、ローテーションしながら、毎日行うのもおすすめです。異なるデッキをつかっているのに、似た印象のカードばかり選ぶときは、そこに今の自分を知るヒントがあるでしょう。

　今の自分がわかれば、誤った方向に向かっていたときに立ち止まることも、これで大丈夫と確信し、自信をもつこともできます。

　フィーリングオラクルはシンプルでくりかえし取り組みやすいので、苦手なカードの克服にも効果的なエクササイズです。

 ## LUAのカードつかいこなし術

1枚引いたときは？

* **カードをみた瞬間に気になったところはある？**
  イラストや文字など真っ先に飛びこんできた部分に注目します。「やった！」「最悪！」といったシンプルな気持ちになったら、それが答えと思って読み解きます。

* **どうしてもわからないと思ったときは？**
  読み解けないときは、時間を置いてからみなおしてみましょう。ヒントとして、もう1枚引き足すのもよいでしょう。

何枚かカードを引いたときは？

* **すごく気になったカードはある？**
  いちばん気になったカードから読み解いていきましょう。

* **明るい、暗い、色のバランスは？**
  1枚ではなく、全体のイラストの雰囲気からどう感じるかも読み解きのヒントに。

* **構図やモチーフ、意味などカードに共通点はある？**
  一部のカードにだけ共通点があったときは、カードが影響し合っていると考えます。

* **華やかになっていく、さびしくなっていくなど勢いや流れは？**
  時間や日数について質問し、カードを引いたときは、全体の流れもみましょう。華やかになると感じたら発展が望めそう、さびしくなるなら勢いが弱まるなど。

Reading
リーディング

LOVE & LIFE
Lesson 01

友人から告白されたけど
つきあうか迷っています。なにが心に
引っかかっているのでしょう?

引いたカード

手を突き抜けるようにして
リンゴを実らせている木

本当は気づいているはずの
自分の気持ちを引き出したい
≫

選んだデッキ

木が生えてくる
のを押さえつけ
ようとする手

地中に
ある種

サイキックタロット
オラクルカード
▶ p42

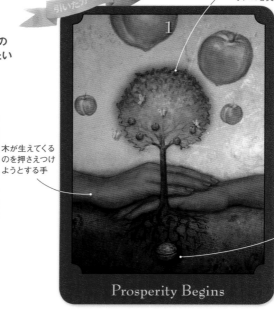

1.Prosperity Begins
繁栄のはじまり

LUAの
第一印象は?

自分でふたをしているようです

　手で、木にふたをしているようにみえます。ですが、ふたをしても勢いを止められ
ないことが、手を突き抜けるようにして木が生えている点からわかります。ふたをし
ても隠しきれないのは、あなたの気持ちでしょう。

　また、芽が出て木がだんだん育っていき、リンゴの実りが大きくなっていくところ
からは、ふたりの関係が少しずつ変化していく様子が感じられます。木にいきなり、
大きく成熟したリンゴが実ることはありえませんから、急激な変化が起こるわけで
はないことの裏返しとも考えられますね。

カードの意味は？

　はじまり・繁栄・富・新しい仕事を手にするであろうことを告げて
います。それは勤勉さや過去の努力や投資が実を結んだのかもしれま
せんし、思いがけない贈り物としてもたらされたのかもしれません。
入念に計画すれば、これまでの努力が、大きな可能性をもたらすでしょう。
　今は、もっとも有益な結果にフォーカスするときです。最高のもの
を期待し、計画や新しい仕事の成功を思い描きましょう。心で感じ、
心の目でみて、なによりもそれを信じることです。物質世界の豊かさ
に感謝の気持ちを捧げるとき、あらゆる形の繁栄があふれ出すでしょう。

「サイキックタロットオラクルカード」（株式会社JMA・アソシエイツ）解説より

すでに出ている答えを受け入れましょう

✽ 照れ隠しは不要です

　気持ちにふたをしている、つまり、あなたの心に引っかかっているのは、恥じらい
だと解釈できるでしょう。
　相手と恋人同士になることや自分が恋愛をするということに、照れがあるようです。
しかし、あなたの気持ちは隠しきれないほど大きくなっています。はじまりを手にす
るというカードですから、今こそ自分の気持ちを素直に受け入れるべきだと考えれば、
カードのメッセージがすんなりと心に入ってくるはずです。
　あなたに余裕が生まれれば、理想の関係が手に入りますよ。

✽ 深い愛情を感じてください

　恥ずかしくてまわりがみえなくなり、恋人同士になったら急になにかがかわってし
まうかもしれないといった焦りや戸惑いが、あなたに生まれているのかもしれません。
しかし、すぐに「恋人らしくしましょう」とはならないでしょう。
　なぜなら友人は、あなたのそうした性格のよさも欠点も含めて深く信頼を寄せて
いますし、そのうえで好意をもってくれているようですから。その愛情をあなたも信じ
て、思いきって相手の胸に飛びこんでもよいのではないでしょうか。

Reading

リーディング

LOVE & LIFE

Lesson

02

自分は一生、独身でもよいのに
親に理解してもらえません。
どう伝えたらよいですか？

気持ちをわかってもらう
ためにロマンチックな
星の声を借りたい
≫

選んだデッキ

プトレマイオス式
星座オラクルカード
▶ p64

引いたカード

ワクワクしていると
感じさせる表情

とびはねて
いる後ろ脚

光に向かって
走っている

LEPUS
兎座（うさぎ座）

36. LEPUS
兎座

LUAの
第一印象は？

とびはねるウサギは、まるであなたのよう

　ウサギが、楽しそうなものをみつけた、あるいは探しながら走っていることを思わ
せます。そもそもあなたは、このウサギのように、ひとりでも日々の生活が充実して
いるようですね。

　まだまだ冒険したりないようにもみえますから、結婚が嫌だと結論だけ宣言する
のではなく、納得してもらいやすい理由も伝えたほうがよいかもしれません。

　一方で、ウサギは子だくさんや実りもあらわします。将来的には結婚の可能性も
生まれるのではないでしょうか。

カードの意味は？

　占星術では、ウサギはウィットのセンスを示すといいますが、同時に多産な性質から豊かさをあらわすとされてきました。

　イースターのときにウサギのモチーフが多用されるのは、自然の生命を産出する力を称えるためだと考えられています。

　今、あなたには豊かな幸福が与えられようとしています。あなたが手にすることは、たくさんの成果を生むでしょう。でも、がんばってはダメ。自分でコントロールできる範囲で。節度さえもてば、長く続く幸福を手にできます。

「プトレマイオス式　星座オラクルカード」(株式会社河出書房新社)解説より

あえて結婚を否定する必要はありません

✴ 大切なのは「生きかた」です

　ウサギのような無邪気さと愛らしさがカギ。あなたの生きかたを理解してもらえるように、今の喜びや今後の目標などを伝えて。

　結婚したくないかどうかにはふれず、問われたときは、結婚したいと思える相手があらわれたら考えるという程度で。

　結婚は実りの形のひとつですが、同様に、独身だからこそ得られる充実もあります。あなたの幸福度は、結婚に左右されるわけではありません。どんな生きかたをするかによって決まるのです。

✴ 結婚もひとつの可能性です

　生きかたや楽しみを探して走りまわっているウサギは、これからたくさんのことに出会うでしょう。

　それは、没頭できる仕事や趣味のほかに、一緒にいて楽しい恋人の可能性もあります。独身でよいと思っていても、結婚してみたら意外といちばん充実する場合も。

　人生経験を積むことで、独身には独身の、結婚には結婚の魅力があると気づくかも。ですから、結婚はしないとあえて親に宣言する必要はなさそうです。

Reading
リーディング

LOVE & LIFE

Lesson
03

彼と結婚したいと思うけど
浪費家なところが気になって……
本当に結婚してもよいでしょうか？

はっきりと
イエスかノーかを
知りたい！
≫

選んだデッキ

ANGEL ANSWERS
ORACLE CARDS
A 44-Card Deck and Guidebook

**DOREEN VIRTUE &
RADLEIGH VALENTINE**
ARTWORK BY MARIUS MICHAEL-GEORGE

エンジェルアンサー
オラクルカード
▶p30

引いたカード

手に
もっている剣

目を閉じて
よく考えて
いる女性

WAIT
待ちなさい

LUAの
第一印象は？

もう少し考えるべきかもしれません

　はっきりとした答えがほしくてこのデッキを選んだのですが「WAIT」のカードが
出ました。そのままの意味でとらえてよさそうですね。いったん落ち着いて考えなさ
いといわれているような印象です。

　結婚はけっして当事者ふたりだけの問題ではなく、まわりの人の人生にも少なか
らず影響を及ぼしますから、あなたもまわりも後悔しないように、踏みこんで考えな
ければならないとカードは伝えているようです。まずは彼と話し合ってみるなど、で
きることをするべきなのかもしれません。

カードの意味は？

　その状況は、やや忍耐力を必要とするでしょう。天使たちは「ノー」とはいっていませんが、「今はまだ」といっています。

　ときには天も万事うまく完璧におさめるために、少し余分な時間をかけなければならないのです。

　あなたが望んでいることは、ほかの人の人生に影響を及ぼすかもしれません。そうなったとき、ひとりひとりの欲求がきちんと満たされるように、さらなる準備を整える必要も出てきます。あなたが辛抱すれば、関係者すべてが本来もつべき体験をしていけるでしょう。

「エンジェルアンサーオラクルカード」（株式会社JMA・アソシエイツ）解説より

まずは話し合いましょう

✳ 彼に事実を伝えてみましょう

　ストレートなカードの意味ともリンクするとおり、今はその答えを決めるときではないようです。

　お金のつかいかたについて、彼と話しましたか？　彼は、問題がある自分を理解していますか？　まずは本人の自覚が必要です。自覚していないなら、伝えたうえで彼が行動をあらためられるかどうかをみまもってから答えを出しましょう。

　改善できる相手なら、結婚してもよいと思います。金銭問題は避けて通れませんから、あいまいなまま突き進むのは避けましょう。

✳ 今後も話し合いは大切です

　結婚したいと思っているなら、余裕をもって話し合える関係は今後も大切。

　おつきあいの段階でも、相手の特定の場面で出る口調が嫌だなどといったマイナス面が目につくかもしれません。しかし、ひとつの理由で別れや離婚を決めていたら、誰とも一緒にいられませんよね。結婚や恋愛はトレーニングだと思いましょう。

　一緒に、結婚について話し合い、考えることができるように、踏みこんだほうがよさそうです。

気のあるそぶりを
みせてくる人がいます。
どうすれば本心を聞き出せますか?

深層心理を
視覚化できそうな
デッキをつかいたい
≫

選んだデッキ

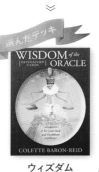

WISDOM of the ORACLE
[DIVINATION CARDS]

COLETTE BARON-REID

ウィズダム
オラクルカード
▶p26

糸の色の ふたりの
ブルー 天使

引いたカード

52

MENDING

天使が
座っている
糸巻き

52. MENDING
修復

LUAの
第一印象は?

修復が必要なようです

　天使が糸巻きに座っています。ガーランドのようなものをもっていますから、クリスマスや誕生日会などがイメージできますが、糸の端をもっているので、修復しているイメージも浮かびます。

　糸の色はブルーなので、心を落ち着けたいのでは?修復したいのは自身の心なのでしょう。過去に恋愛で傷ついたのかもしれません。

カードの
意味は?

　前へ進むためには、許しが必要です。心を閉ざすことは、その答えではありません。あなたにはこの傷を癒やす力があります。許しと誠実な償いからは、よい結果だけが生まれます。

「ウィズダムオラクルカード」
(株式会社JMA・アソシエイツ)解説より

LUAが読み
解くなら…

自分の不安を素直に
打ち明けましょう

　あなたは、過去に恋愛で傷ついたことがあるのかもしれません。古傷をうずかせるのが、この相手なのではありませんか?

　また同じような思いをしたくないと思うなら、そのまま素直に伝えてみましょう。もし、その気持ちを重いと思うなら相手は去っていき、あなたを大切にするつもりがあるなら、あなたの心の傷に寄り添い、修復をサポートしてくれるはずです。心を開いて接し、相手の心も開かせましょう。

Reading
リーディング

LOVE & LIFE

Lesson
04-2

彼とつきあいたいけど
最初の一歩が踏み出せません。
私に足りないものはなんですか?

引いたカード

天使の手元に
ある本

本から生えて
いる翼

LUAの
第一印象は?

31

WHY?

31. WHY?
動機

答えは
すぐそばにありそうです

　本がすぐそばにあるので、答え
が記されたものは自分のすぐ近
くにあるといえるかもしれませ
ん。

　天使はおそるおそる、様子を
みるように本に手をのばしてい
ます。まだ本を開いてはいません。
存在に気づいてはいるものの、み
ないようにしているのかもしれま
せん。

　本から翼が生えていますから、
書かれている内容を読みさえす
ればパワフルに飛んでいけるよう
にも考えられます。

Part **3** 実践 オラクルカードリーディング

カードの
意味は?

　直感と心の奥底からのメッ
セージを聞きましょう。どう
やって願いを叶えるかは「動機」
という宝のなかに隠されていま
す。自分自身とパートナーに「な
ぜ?」と質問をして、方法を明
らかにしましょう。

「ウィズダムオラクルカード」
（株式会社JMA・アソシエイツ）解説より

LUAが読み
解くなら…

勇気さえもてばすべて
がうまくいきます

　あなたは、自分が一歩踏み出すためになにが
足りないのか、本当はわかっているのかもしれま
せんね。でも、臆病な自分が邪魔をして向き合え
ていないのかも。カードは、自分、そして相手と向
き合う勇気をもつ必要があると伝えています。

　向き合って、カードが示すとおり行動できたと
き、あなたは相手の人と新たな関係を築くことが
できるはずです。自分にいい訳をしないで、まっ
すぐに気持ちをみつめましょう。

Reading
リーディング

LOVE & LIFE

Lesson
05-1

一緒にいて楽しいけど
好きなのかわからない人がいます。
この気持ちはなんですか？

自分自身の
気持ちを
確認したい
≫

引いたカード

表面

赤みの　やわらかい
強いピンク　ピンク

裏面

選んだデッキ

ハウトゥーラブ
ユアセルフカード
▶ p76

※このカードは両面
に独立したメッセー
ジがあります。この
読み解きでは両面と
も使用します。

**I appreciate OTHERS FOR
WHO THEY ARE.**

私はどの人も
ありのままの姿を尊重します

**I ACCEPT THAT I CANNOT LEARN
OTHER PEOPLE'S LESSONS FOR
THEM.THEY MUST DO THE WORK
THEMSELVES,AND THEY WILL DO
IT WHEN THEY ARE READY.**

他の人のために用意された課題を
私が学べないことを私は理解しています。
人は自分の課題に自分で取り組まねばならず、
準備ができたら、そうするはずです。

情熱と優しさを感じます

　表面は赤っぽく、明るい印象が強いので、
みた瞬間OKというイメージがわきました。

　また、心の内側を知るために、両面に
メッセージがあることが特徴的なカードで
すから、裏面もチェック。やわらかいピンク
で、とても優しい気持ちを相手に抱いて
いることがわかります。一緒にいて楽しい以
上に、かけがえのない存在だと、はっきり
認識しているのかもしれません。

好意だと受け入れましょう

　相手を尊重するという意味の赤いカード
は、あなたの情熱を物語っているよう。裏
面のやわらかなピンクが示すように、あな
たは相手を大切に思っているでしょう。

　ただ、相手を理解するには、時間が必要
なことはわかっているはず。今はまだあなた
の準備が整っていないため、ためらってい
るようですが、そのうち自然と自分を受け入
れ、恋の一歩を踏み出せるでしょう。

Reading

リーディング

LOVE & LIFE

Lesson
05-2

相手への恋愛感情を
自覚しました。この恋は
どうなっていきそうですか？

引いたカード

暗い部分と明るい
部分、それがまざった
部分がある

〈 表面 〉

〈 裏面 〉

1枚目と同じく
やわらかいピンク

THIS PRESENT
EXPERIENCE IS A
STEPPING-STONE
TO A NEW
AWARENESS

この今の体験は、
新たな気づきへの足掛かりです。

MY SPIRITUAL
GROWTH COMES
TO ME IN WAYS
I DON'T QUITE
EXPECT.
I KNOW I AM
ALWAYS SAFE.

スピリチュアルな成長は
予想もしないかたちで起こります。
私は自分がいつでも
安全であることを知っています。

**THIS PRESENT EXPERIENCE
IS A STEPPING-STONE
TO A NEW AWARENESS.**

この今の体験は、
新たな気づきへの足掛かりです

**MY SPIRITUAL GROWTH
COMES TO ME IN WAYS
I DON'T QUITE EXPECT.
I KNOW I AM ALWAYS SAFE.**

スピリチュアルな成長は
予想もしないかたちで起こります。
私は自分がいつでも
安全であることを知っています。

LUAの
第一印象は？

障害はあるかも
しれません

　表面は、右側は黒っぽい色づかいで、
左側はカラフルな色づかいであることが
印象的です。

　中間部分は色がまざっているため、乗
りこえると明るくなっていくとイメージで
きます。恋愛に踏みこんだときに、相手
が思っていた印象と違うと感じたり、理
想像と離れていたりすることも。その暗
示が暗い色としてあらわれているのかも。

LUAが読み
解くなら…

成長をもたらして
くれます

　相手と恋愛関係に発展したら、おそらくひ
と筋縄ではいかないでしょう。理想と現実の
ギャップや価値観の違いに悩まされるなど、
なにか問題があるのかもしれません。しかし、
それを乗りこえることで成長できる恋愛となる
のが、この恋の特徴のよう。

　誰かとともに生きるということの難しさを学
び、人をみる目を養う、自分を磨くなど、成長
の足がかりとするとよいでしょう。

Reading
リーディング

WORK & MONEY

Lesson **01**

絶対に成功させたい
新しい企画があります。
どうブラッシュアップすべきですか？

**どんな方法、道を選んで
進んでいくべきか知りたい**

≫

選んだデッキ

ザ・マップ
オラクルカード
▶p44

引いたカード

わかれている道と
ふたつの扉

全体的に
描かれている
雲

30. Making a Choice
選択する

LUAの
第一印象は？

迷いはないようです

「選択する」という名前をもち、一本道がふた手にわかれているイラストのカードが
出たことから、企画のテーマを絞りこんだほうがよいというイメージが浮かびました。

わかれた道や、その先にみえている扉がふたつなので、自分の心のなかでやりた
いことはある程度、絞りこまれているのかもしれません。

また、雲は迷いをあらわします。でも道の上にはかかっておらず、先のほうまで
はっきりみえています。このことからも、迷っているようでいて、ある程度、道を決め
ているのでは、と感じました。

カードの意味は？

　あなたは現在、なにかの板ばさみになっているか、人生の分岐点にいて難しい選択を迫られているのかもしれません。どちらを選択しても、その責任を取る必要があります。けれども不安をもつことはありません。いまのあなたにはどちらが正しいか確信がないでしょう。

　自分の直感を信頼してください。スピリットにお願いして、正しい道に導いてもらいましょう。あなたがサインに気づくことができれば、正しい選択ができます。

　直感とスピリットの導きに従えば、成功が待っています。

「ザ・マップ オラクルカード」（株式会社JMA・アソシエイツ）解説より

核となるものを確立しましょう

❋ テーマをひとつにしましょう

　企画のテーマを明確にしましょう。ふたつ以上の要素を組みあわせた企画であったとしても、ここがいちばん重要というところを示すのです。ほかの企画とあなたの企画を比較して、優れた点をはっきりさせても。

　カードのイラストにふたつの扉があるように、ふたつのケースをみせて結果を対比してみせることで、企画のメリットを伝えてもよいかもしれません。

　あらゆる可能性を考えて、シミュレーションしてみせるとよさそうですね。説得力をもたせるために、わかりやすく示しましょう。

❋ 意志を強くもちましょう

　分岐点というのは、企画が通るか通らないかだけでなく、自分が今の企画のまま通したいのか、方針が定まらない可能性をあらわしている場合もあります。

　ですから、自分が信じているところをもっと強く出していったほうがよいのでは？企画を通すためにあらゆる選択肢のよいとこ取りをしようとするよりも、自分が通りたい道を選び、ポリシーをもって力強く進みましょう。

　その面でも、決断が迫られていると考えられます。

Reading
リーディング

WORK & MONEY

Lesson
02

ずっと憧れている
マイホームの購入を検討中です。
いつ購入したらよいですか？

望む未来を
叶えたい！
≫

選んだデッキ

**エンジェルプリズム
カード**
▶ p34

引いたカード

巻きこまれて
いるように
みえる人々

突き進もうと
している
気迫

28・頑張りすぎ

Fighting too much

28.Fighting too much
頑張りすぎ

LUAの
第一印象は？

手に入ることに間違いはないでしょう

　目標のためにがんばっているということが、ひしひしと伝わります。一生懸命働
いてお金を稼いでいるか、日々節約して支出を減らしているのかはわかりませんが、
いずれにしても必死なのでしょう。

　まわりを巻きこんでいる、あるいは突き進むために、まわりにもサポートしてもら
いながら全力で取り組んでいるようにもみえます。ですから、いずれ家は買えるのだ
と思います。むしろ買うまで絶対に諦めない、という気迫すら感じられます。

　しかし、今必死だということは、すぐに買えるわけではなさそうですね。

カードの意味は？

　　あなたたちはなにかと戦っています。あなたは情熱的でパワフルな能力をもっており、休むことなく動き続けています。あなたの強い意志と勇気があれば勝利を収められるはずですが、あまりに猛進しすぎると自分が倒れてしまう可能性もあります。的を絞り、ものごとの優先順位を考え、場合によっては誰かにまかせることも必要です。

　　可能性のあるメッセージ：感情的になる。クールダウンが必要。優れた判断力をもつ。力強く情熱的で人を導くが、自己中心的で感情的な面もある。勝利。的を絞る。

「エンジェルプリズムカード」（エンシェラート）解説より

大切なのは時期ではありません

✳ 目的をみうしなわないでください

　マイホームを買うためにがんばりすぎるあなたが、そのままあらわれたかのようなカードです。マイホームを買うことに執着し、視野が狭くなっているのかもしれません。今はそれよりも、もっと優先すべき課題があるのでは？

　たとえば、あなたが独身で、マイホームをもっているということをステータスに婚活をしたいならば「ローンを組んだら、デートするための資金が不足しませんか」などと自分に問いかけてみて。

　冷静になって、お金のつかいかたを考えてみましょう。

✳ 優先事項を考えましょう

　解説には、「ひるまずに進む、冷静になりストップ」という対極のメッセージのほか、可能性のあるメッセージとして「感情的になる、クールダウンが必要」とあります。あなたに家族がいる場合、マイホームのために突き進むのはよいですが、手に入れても家族に節約や無理を強いる可能性もあると考えるべきだと伝えています。

　いつ購入すべきかと焦っているようですが、いずれは買えそうです。今は一度立ち止まったほうがよさそうですよ。

Reading
リーディング

WORK & MONEY

Lesson
03

仕事がマンネリに陥っています。
モチベーションを
上げるにはどうしたらよいですか?

落ちこんでいる
気持ちに寄り添ってほしい
≫

選んだデッキ

シャドウ&ライト
オラクルカード
〈レッド・エディション〉
▶ p46

引いたカード

人の背後に
嵐になっている
様子がみえる

荒れている
海

平然とした
表情

32. Sea Storm
海の嵐

LUAの
第一印象は?

波がこわくないようです

　目力を感じさせるクールな表情ですね。大きく荒れた海のなかですが、驚いても
いないし大変そうにもみえないのが特徴的。波に飲まれたり溺れたりしそうな様子
は一切感じさせませんから、むしろ自分で波を起こしているのかもしれません。つま
り、波のような刺激があなたにとって必要であるということがイメージできます。もっ
と波がないと夢中になれないのでしょうか。

　荒れた環境のなかでも、まわりを気にしないで落ち着いていられると、あなたの
もち味がいかせるという可能性も考えられそうですね。

カードの意味は？

　今、あなたは混乱や大きな変化にみまわれているかもしれません。けれども、心の奥の声に耳を澄まし、あなたの細胞に埋めこまれているレーダーに従えば、あらゆる混乱や残骸を突破し、家にかえる道がみつかるでしょう。

　古い世界は消滅し、新しい世界はまだみつかっていません。旅はまだしばらく続きますが、信頼しましょう。信じてください。委ねて、内なるガイダンスのコンパスに従いましょう。あなたが知っている以上に、あなたは順応性や柔軟性にすぐれ、生存能力が高いのです。

「シャドウ＆ライトオラクルカード〈レッド・エディション〉」(株式会社ヴィジョナリー・カンパニー)解説より

進んで忙しく働きましょう

❀ スピード感がカギとなります

　思いきり忙しくして、仕事の嵐を巻き起こしましょう。あたふたしながら仕事をこなしていくうちに、嵐はおさまって、達成感を得ているはずです。よい仕事をした、がんばった、その満足感が、仕事ができる自分として自信につながり、モチベーションを上げるでしょう。

　あなたには、なにかしらの嵐のような刺激が必要なのです。嵐であっても、無我夢中になって平気で泳ぎきれるだけの力があるのですから、楽しむような気持ちでいるほうが生き生きしそうです。

❀ 質と危機管理も大切です

　物理的に仕事の数を増やして忙しくするだけでなく、付加価値をつけるのもアリかもしれません。ディテールにもっとこだわってみたり、仕事の完成度を高めたりすることも考えましょう。

　古い世界が消滅するという解説からは、今までのやりかたやチームの輪の乱れがイメージできます。危機的状況になることを想定しておいて、穴を埋められるよう意識すれば、自然と仕事全体へ気配りが行き届き、やる気は高まるでしょう。

副業や転職を考えているんだけど
どんな仕事が
自分に向いていますか?

引いたカード

愛染明王
まずはあなたの周りの人を大切にしてください

愛染明王
あいぜんみょうおう

願いを叶え
様々な教えを
もらえそう
≫

選んだデッキ

日本の密教カード
▶ p54

LUAの
第一印象は?

愛がテーマになります

　愛染明王のイラストは、煩悩(ぼんのう)をもつことによって欲求が叶わない苦しみを味わい、悟りを開くことを意味します。

　また、愛染明王は広く愛をあらわす仏でもあり、恋愛にご利益があるとされて人気。ですから、愛を感じさせるようなことを仕事や副業に選ぶとよいでしょう。自分が好きなもの、人と接するサービス業などが考えられそうですね。

カードの
意味は?

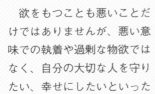

　欲をもつことも悪いことだけではありませんが、悪い意味での執着や過剰な物欲ではなく、自分の大切な人を守りたい、幸せにしたいといったような、プラスの方向での欲をもってください。

「日本の密教カード」(株式会社
ヴィジョナリー・カンパニー)解説より

LUAが読み
解くなら…

喜ばれる仕事を
重視しましょう

　人を喜ばせることができる仕事を選びましょう。あなた自身が楽しみ、喜ぶことができ、あなたの仕事を通じて周囲の人が喜んでくれるならば、やりがいもリターンも大きいはずです。

　サービス業やクリエイティブな仕事をベースに考えてみるとよいかもしれません。

　サービス業とひと口にいっても、飲食店や介護・医療系、コンビニやファミレスなど、みまわすと愛にあふれた職種が多くあるでしょう。

Reading
リーディング

WORK & MONEY

Lesson
04-2

1枚目で導かれた職種から
さらに絞りこむとしたら
なにがよいでしょう？

引いたカード

如意輪観音自在菩薩
にょいりんかんのんじざいぼさつ

LUAの
第一印象は？

癒やしに
フォーカスしましょう

息災、増益、敬愛を意味する癒やし系の仏です。また、仏教における六道のうちのひとつである、天道に迷う存在を救うともいわれています。

救いの仏ですが、ヒーローのように悪い存在と戦って救いを与えるわけではありません。受け入れて助けるような仕事がイメージされます。優しく落ち着いた表情や穏やかに座る姿のイラストからも、ヒーリング系の印象を強く受けます。

カードの
意味は？

まわりの意見や反応に惑わされてはいませんか？　結果をあせったり、最初から上手くいったりすることばかり考えていると、むしろ遠まわりになってしまいます。人の意見はあなたの意見と必ずしも一致はしません。

「日本の密教カード」（株式会社ヴィジョナリー・カンパニー）解説より

LUAが読み
解くなら…

愛で受け止め
癒やしを届けましょう

人づき合いに疲れた人々を受け止め、癒やせる仕事が候補として考えられそうです。サービス業ならば、マッサージなどの人に施術する仕事や、占い師やカウンセラーといった人の心をあたたかく包みこむような仕事がよいでしょう。

クリエイティブな仕事ならば、ヒーリンググッズの制作や、ヘアカットで気分を明るくする美容師なども。癒やしというものに心と体、どちらからアプローチするか考えると視野が広がるでしょう。

体は元気だけど、心の元気がなくて……
パワーをとりもどすには
なにをしたらよいですか?

引いたカード

全体がブルーで
まとまっている

**ぼんやりしたテーマでも
アドバイスをもらえそう**
≫

選んだデッキ

**パスオブザソウル
運命のオラクルカード**
▶ p62

目のように
みえる形

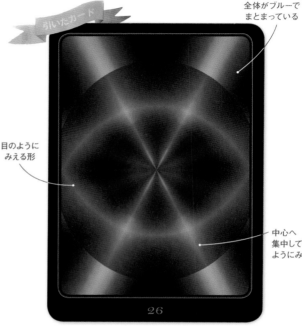

中心へ
集中していく
ようにみえる線

26. Third Eye
サードアイ

LUAの
第一印象は?

まずは落ち着くことが必要そうです

　「サードアイ」というカードの名前の通り、イラストがまさに目の形にみえます。そこ
から、第三の目（p170）が開いている様子が浮かびました。

　また、カード全体がブルーなので、気持ちをクールダウンさせようとしているよう
な印象も受けます。

　このデッキは波模様やフラクタル模様が多いにもかかわらず、このカードは中心
にまっすぐ、スーッと引きこまれる印象で、集中というイメージにもつながります。意
識していないのに、不思議と集中してしまう感覚をおぼえます。

カードの意味は？

　サードアイはサイキック能力と透視力を司ります。事実の向こうを
みる能力を誰もが生まれつきそなえていますが、その能力をいつもつ
かえるわけではありません。あなたの直感力は非常に強力です。
　このカードがあらわれたのは、すでにあなたが、心眼でみる能力を
次のレベルに高める準備ができているからです。この時期、直感力を
開発することが、あなたの成長のために重要です。才能をのばすことは、
あなたにとって有益であるだけでなく、大いなる源からあなたにもた
らされる、助言とサポートを必要とする人々に役立つのです。

「パスオブザソウル　運命のオラクルカード」(株式会社JMA・アソシエイツ)解説より

自分がもつスピリチュアルの力を感じましょう

✳ 心を休ませてあげましょう

　あなたは、知らず知らずのうちに集中して、霊的な力をつかいすぎているのかも。
霊的な力は、透視ができるなど不思議な特殊能力ではないとしても、誰もがもって
います。それが睡眠中でも覚醒して、心でなにかを感じ取っている可能性があります。
体だけでなく、霊的な力も休ませてあげましょう。

　ひとりになる時間をつくるのがおすすめ。あなたは集中しすぎてしまう人のようで
すから、趣味だからといって読書などをすると疲れてしまうかも。好きな景色を眺め
てリラックスするとよいでしょう。

✳ スピリチュアルの力を活用することも大切です

　霊的な力をつかいこなせていないから無気力になっている、という人もいるかもし
れません。その場合は、もう少しなにかに集中してみるとよいでしょう。

　たとえば編み物やジグソーパズルなどが好きなら、時間を忘れるくらい集中する
のが効果的です。自分の好きなものに没頭しているうちに、あなたがもつスピリチュ
アルの力が花開くかも。日々生活するなかで心に元気がない気がしていても、徐々
に明るさをとりもどしていけるはずです。

Reading
リーディング
HEALTH & BEAUTY
Lesson
02

自信をもつためにスタイルをよくしたいです。どこに磨きをかけるとよいですか？

引いたカード

自由へ繋がる道

まわりにある花

太陽の光を浴びている

花をくわえて呼吸している

ヨーガ

ヨーガ

体を動かすヨガが関係ありそう
≫

選んだデッキ

バガヴァッドギーターカード
▶ p60

LUAの第一印象は？

重視する点が違うのでは？

「ヨーガ」という、「人の悪口をいわない」と教えるカードが出ていますから、外見のことは気にしないほうがよいのかもしれません。自信をつけたいなら、スタイル第一で考えることはやめるべきでしょう。あくまでも内面の美しさを磨く延長線上に、理想的な外見がついてくると考えて。

　まわりは様々な種類の花に囲まれていますから、自然を感じながら心に栄養を与えるイメージが浮かびます。日光浴をしているので、たまには日傘をさすことをやめて太陽の光を浴びてみると、心にも体にもよい影響があるかもしれませんね。

カードの意味は？

　Yogaの目的は、自分を知り、自由になること。それは真摯にくりかえし練習し、自分と向き合うていねいな生きかたによって達成できます。Yogaに特別な能力は必要ありません。「ものや他人に依存せず、自分で自分を幸せにし、自由に生きること」が真の目的です。

　そのために体・感覚・心を最適に保つメソッドがあり、自分の内面を探求し真実をみるのです。頼らない自由な生きかたを今、ここで実践すること。ストイックになりすぎず、穏やかな心としなやかな体で調和に生きることが正しいYogaの方法です。

「バガヴァッドギーターカード」(株式会社ヴィジョナリー・カンパニー)解説より

満足感を継続させるために行動しましょう

❋ 大切なのは内面です

　体の一部だけを磨いても、あなたはかわれないでしょう。心を含めた全身を鍛えて、はじめて自信をもてるようになります。

　ヨガやラジオ体操を毎日続けてみるなど、なにかしらの習慣を身につけてみては？　習慣として続けると実際に健康になっていくのを実感できますし、「がんばって続けたから成果が出た！」という達成感が生まれます。

　プロセスを経て体型が変化すると、成功体験としてあなたの心に刻まれ、自信もついていくのです。

❋ カードのまねをするのもおすすめ

　解説より直感を重視して読み解いてみました。その場合、カードのように、美しい自然を感じながら深呼吸するのもよいでしょう。日ごろから呼吸を深めるために、ゆっくりした呼吸のリズムを意識してみて。それも立派な体質改善につながります。

　また、光を求めているようにみえることから、心がスッキリと晴れていない可能性も。イラストのように、心を虫干しするような気持ちで日光を浴びましょう。自信がないのなら、そうした時間を確保するだけで心が軽くなりますよ。

Reading
リーディング

HEALTH & BEAUTY

Lesson
03

最近体調がすぐれません。
生活習慣を改善したいけど
なにからはじめればよいですか?

なにをすればよいのか
自分の内側が
求めていることを聞きたい
≫

選んだデッキ

REBECCA CAMPBELL
ARTWORK BY DANIELLE NOEL

WORK YOUR
LIGHT
ORACLE CARDS

ワークユアライト
オラクルカード
▶ p72

引いたカード

中央の人に
差す光

両脇には
祈っている人

SISTERHOOD OF THE ROSE
Beauty and devotion. Priestess. Mystic. Teacher.

SISTERHOOD OF THE ROSE
バラの姉妹団

LUAの
第一印象は?

美しいものの存在を感じます

　両脇に立って祈っている人や、聖母マリアのような人の頭に差す光から、宗教的な雰囲気が感じられます。

　このカードは「バラの姉妹団」という名前ですから、美しさを象徴している印象も受けました。全体として、美しいものを感じとることが求められているようです。反対に、美しくないものから距離をおく、あるいは排除することも浮かびました。

　また、姉妹団というグループですから、実際の人間関係でも、似たような人の集団というイメージが考えられます。

カードの意味は？

　バラの姉妹団は、人々を助け、地上に光の意識を広げるために人生を捧げる、信仰と火を追求する古くから続く家系のひとつです。このカードは、どんな場所にいようと、そこに美を見出したり創造したりする生きかたを示しています。バラの花が象徴しているのは、ハートと生命の根源を示す神聖幾何学です。

　もっと多くの時間を自然のなかで過ごしましょう。あなたのまわりに存在する美に気づき、あなたなりの方法で世界に美をもたらしてください。あなたが美の創造に携わるたびに、地球に調和が生まれます。

「ワークユアライトオラクルカード」（株式会社JMA・アソシエイツ）解説より

まずは準備することからはじめましょう

✳ 環境を整えましょう

　美しいものに囲まれましょう。解説では自然にふれるようにいっていますが、整理整とんやそうじもおすすめ。不要なアイテムを手放して、環境を整えて。そして、日々のそうじを行いながら、お気に入りのアイテムを、少しずつ充実させていきましょう。

　家のなかが散らかっていたり、洗濯物が散らばっていたりするようでは、自分は磨かれません。

　身のまわりを整えたうえで、早寝早起きなどの生活習慣の改善を行いましょう。清潔な部屋で寝起きするのは、爽快なはずです。

✳ 内面の美しさも大切です

　また、自分自身を美しくすることも重要です。体をケアすることはもちろん、悪口をいう人と距離を置いて、人間関係も整えましょう。自分自身も悪口をいわず、美しい言葉を発してください。自分の心がけがかわれば、つきあう人もかわりますし、もともとあった交友関係も美しく整います。

　すると、生活習慣もかわっていくでしょう。美しい人と同じ生活になるのです。最終的にあなた自身も美しくなり、バラの姉妹団に入団できるようになりますよ。

Reading
リーディング

HEALTH & BEAUTY

Lesson
04

イメチェンしたいです！
人にどう思われるか心配だけど
なにをすればうまくいきますか？

引いたカード

**自分が新たに取り入れるべき
ことが知りたい**

≫

選んだデッキ

奥平亜美衣の
あなたが本当に幸せになる
引き寄せカード
▶ p36

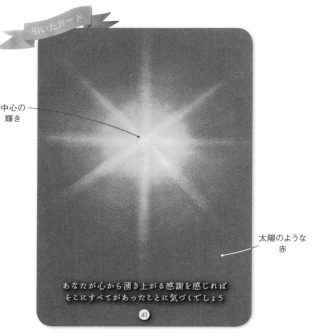

中心の
輝き

太陽のような
赤

あなたが心から湧き上がる感謝を感じれば
そこにすべてがあったことに気づくでしょう

41

**41. あなたが心から湧き上がる感謝を感じれば
そこにすべてがあったことに気づくでしょう**

LUAの
第一印象は？

太陽のような光を感じます

　全面が赤、中心にオレンジの光が輝いていて、まるで太陽のようにみえるカードですから、あなたはすでに、はつらつとした魅力があふれる人でしょう。

　太陽は占星術においても「自分自身の存在や個性」をあらわしますので、その人が輝きをもっていることがイメージされます。太陽からは、元気でアクティブな様子も思い浮かびます。

　ただ、気迫が強くあらわれている印象も受けるカードです。それが空まわりしている可能性もある、といったところでしょうか。

カードの意味は？

　普段はみすごしていることがあるかもしれませんが、あなたのまわりにはたくさんの恵みがあるでしょう。

　日々、寝て起きる場所があること。食べたいものが食べられること。話す人がいること。電車が動いていたり、車が走る道路が整備されていたりすること。水もガスも電気も不足がないこと。

　すでにあるものにあなたが感謝するとき、あなたは、すべてがすでにあったということに気づきます。そして、あなたが、すべてがすでにあったことに感謝するとき、あなたはすべてを引き寄せるでしょう。

「奥平亜美衣の あなたが本当に幸せになる引き寄せカード」(株式会社ヒカルランド)解説より

不要なものを選択しましょう

※ 削ぎ落として磨いてください

　あなたは、すでに輝いています。解説でも、すべてをもっているとありますから、イメチェンをするなら、あなたの素材をいかす方向にシフトを。

　もしかすると、今は余分なものまで身につけているのかもしれませんね。メイクが濃いならナチュラルにかえて、モードなファッションや髪型をしているなら、シンプルなテイストにする、アクセサリーの数を減らしてみるなど、自然体のあなたの魅力を引き出す方法を考えましょう。削ぎ落として洗練させるイメージで。シンプル・イズ・ベストです。

※ 清楚なイメージを目指しても

　目指すテイストを定めたいならば、正統派のモテる女性を頭に浮かべるとよいかもしれません。漠然とかわいい女の子を目指そうとすると、やりすぎてしまいがちになってしまいます。髪の毛からは洗いたてのシャンプーの香り、メイクをしていないのにツヤツヤの肌など、今のあなたとはテイストが違う、ナチュラルな雰囲気を目指すと、イメチェンは成功するのではないでしょうか。

　まわりの人も、洗練されたあなたの魅力には好印象を抱くはずですよ。

気になる基礎化粧品があるけど
購入すべきか悩んでいます。
つかったら効果がありますか?

癒やしや美について
イメージがふくらみそう
≫

選んだデッキ

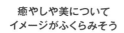

アロマ
フェアリーカード
▶p20

引いたカード

囲むような
ブルー

中央の
ピンク
ベージュ

25 | MYRRH:
THE CHRISTIAN SPIRIT
FOLLOW YOUR TRUST AND YOUR SHINING SOUL
AT ANY COST ON THE EARTH,
ALSO HAVE THE SPIRITS OF FORGIVENESS AND AFFECTION.

25.MYRRH: THA CHRISTIAN SPIRIT
ミルラ:キリスト精神

LUAの
第一印象は?

まさに肌の様子をあらわしているようです

　カードの大きな面積をしめるピンクベージュが、キラキラと輝いているようにみえ
ます。そのまわりを、うるおいを感じさせるやわらかいブルーが包みこんでいますか
ら、肌のハリやツヤがよくなっているような印象があります。ですから、ひとまず効果
はありそうですね。

　ただ、まわりのブルーを化粧水のように考えた場合、グラデーションになってい
るので、ゆっくり浸透していくようなイメージも浮かびます。効き目に即効性がある
とは限らないかもしれません。

カードの意味は？

　なにがあっても、あなたの信念と魂の輝きを、この地上で貫きましょう。

　現実世界に地に足をつけ、苦労に屈しない力強さと大きな愛で、理想を具現化させることを助けます。また、懐疑的になり、激しく揺さぶられるときには、赦しや需要の精神を呼び覚まし、自分自身や他者への寛大さを呼び覚ましてくれます。

「アロマフェアリーカード」(株式会社ヒカルランド)解説より

LUAが読み解くなら…

自分の生活に合うか考えましょう

✳ 効果はあるでしょう

　ほしい化粧品があなたに合う可能性は高いでしょう。ただ、毎日つかうからこそ効果を実感できるものかもしれません。ですから、これを買って前日につかいさえすれば、翌日のお出かけまでにばっちりコンディションが整う、とは考えないほうがよいでしょう。

　また、価格帯が自分の身の丈に合わないなどの理由でデイリーユースできないなら、購入すべきではないかも。お金の面では迷っていないのかもしれませんが、実はお財布事情が大きなウエイトをもつはずです。

✳ 持続できるか考えて

　解説内では「現実世界に地に足をつけ、苦労に屈しない力強さと大きな愛で、理想を具現化させることを助けます」とあります。時間をかけて着実に効き目を発揮するイメージでしょう。迷っているなら買って問題ないですし、効果もありますが、使用するなら、結果をあせらないこと。

　また、節約してつかわず、適量を用いるようにしましょう。しっかりと粘り強く使用を続ければ効果を実感できそうですから、持続させることを大切にしてみて。

友だち同士がケンカをしてしまい 仲を取りもちたいのですが どうすればよいですか?

引いたカード

いちばん高い富士山

「人」はまさに妖怪。
妖怪同士を取りもつには
妖怪しかいない

≫

日本の妖怪カード
▶ p56

富士山の
手前にある
緑の山

岩魚坊主
いわなぼうず

LUAの
第一印象は?

岩魚坊主が仲介役にみえます

　この妖怪を知らなかったので、まずは絵から読み解きます。山は、てっぺんを目指して登りますから、ライバルとケンカするような印象を受けます。

　また、富士山だけでなく手前にもうひとつ山があるようにみえることから、お互いにプライドが高くなってしまい、相手のいったことに対して「ああいえばこういう」状態になってしまっているようにもイメージできます。

　それに対する岩魚坊主の表情は、「うるさいよ、どうでもよいことで騒がないでくれ」と伝えにきたようにみえますね。

カードの意味は？

　我らの多くは、豚や牛や魚を捕らえては食べています。それはいわば自然の理。生きるためには仕方のないことでございます。

　そうはもうしましても、むやみに殺生を行うのはよろしくありませぬ。食料となる生き物たちには感謝の心を忘れてはなりませぬ。必要以上に殺すなどもってのほか。それはただの残酷な行いにほかならぬのです。

　一寸の虫にも五分の魂。それを忘れ、無用な殺生を繰り返している方はどうかご用心を。岩魚坊主があらわれ、忠告を受ける前に行いを改めねば、いつかおそろしい目にあうやも知れませぬよ。

「日本の妖怪カード」(株式会社ヴィジョナリー・カンパニー)解説より

どちらかに責任を求めないようにしましょう

✳ 双方の話を聞いてください

　友だち同士の争いは、どっちもどっちの他愛のないものかもしれません。放っておいても問題ないと思いますが、仲を取りもちたいと思うなら、岩魚坊主になった気分で、両者のいい分をしっかり聞くことです。

　どちらが悪いという判断はしないで、争いはやめなさい、という方針で接するようにしましょう。

　ふたりは日ごろから、ちょっとしたことにムッとしたり、その態度に対して仕返しをしてやろうと、お互いに意地を張っていたりするのかもしれません。

✳ 命のつかいかたを考えましょう

　解説には「命を無駄に殺生しないように」とあり、これは「自分の命を無駄につかわないように」ともいえるのではないでしょうか。

　ケンカは、まさに無駄な労力です。あなたには、無駄なエネルギーをつかうことをやめさせる役割が求められそうです。お互い様でしょうとふたりをしずめましょう。

　よいか悪いか、どちらの責任かなど判断する必要はありません。友だちも、あなたのおかげでケンカが無駄な時間であったと気がつけば、自然と仲直りできるはず。

Reading

RELATIONSHIP

Lesson

02

ご近所からよく話しかけられるせいで
人の目が気になってしまいます。
どうつきあえばよいでしょう？

敏感になりすぎているから
セラピーが必要かも

≫

選んだデッキ

**Dr. チャック・スペザーノの
セルフ・セラピー・カード**
▶ p50

引いたカード

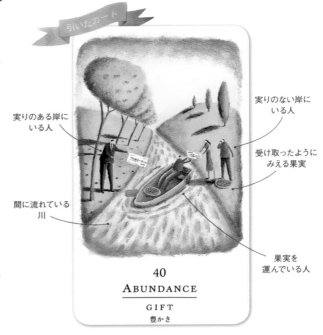

実りのある岸に
いる人

実りのない岸に
いる人

受け取ったように
みえる果実

間に流れている
川

果実を
運んでいる人

40
ABUNDANCE
GIFT
豊かさ

40. ABUNDANCE
豊かさ

LUAの
第一印象は？

もののやりとりが印象的です

　川をはさんで両岸の人がご近所づき合いしているようにみえます。いちばんに目
に飛びこんできたのは果実。左側の岸の木々に実った果実を、間にいるボートに
乗っている人が右側の人に届けているとイメージしました。ちょっとしたことかもし
れませんが、もらった人たちの気持ちを思い浮かべると、うれしいだろうと感じます。

　また、間に川が流れていますからから、今のところ適度な距離感が保てている
のかもしれません。ご近所ならではの「もちつもたれつ」の関係が、有益に働い
ているようなイメージも浮かびます。

カードの意味は？

『豊かさ』とは、単にお金のことだけではありません。生活の質を含めた、すべての面が豊富で恵まれていることをあらわしています。今日はあなたの生まれながらのギフトである『豊かさ』を受け入れましょう。あなたに受けとる意志さえあるならば、今日はありとあらゆるよいものが与えられるのです。ここであなたが受けとれば、さらに高いレベルで与えることができます。

そうすると、さらにもっと高いレベルで受けとることができるのです。そうなると、あなたもみんなもあらゆる面で前に進めます。

「Dr.チャック・スペザーノのセルフ・セラピー・カード」(株式会社ヴォイス)解説より

自分も利益を与えるつもりで接しましょう

✱ 性善説で考えてみましょう

干渉されているように思えて、ご近所づき合いがうまくいっていないと感じているのかもしれませんが、相手の立場になって考えると、あなたを心配して気にかけてくれているだけなのかも。「お互いに有益だと感じられる距離感の近所づき合い」がテーマになるでしょう。

親切には甘え、あなたもできる限りの親切心で返しましょう。そうすれば、なにか緊急事態が起きたときや地域で問題が起きたときに、味方になってくれたり力を貸してくれたりする存在になるかも。

✱ 考えすぎないことです

ご近所の目が気になってしまうのは、自意識が強すぎる可能性も。また、ご近所をうらやんだり、逆にご近所から妬まれたりしてしまうのは、お互いのやさしさをうまく示せていないからだとも考えられます。嫌われているかもという不安や根拠のない心配は捨てて、気負いすぎないで接しましょう。穏やかな態度や表情がポイント。

自意識が強いと感じる場合は、まさにセラピーが必要かもしれませんから、このカードからのメッセージはおすすめです。

Reading
リーディング

RELATIONSHIP

Lesson
03

ひと言多い同僚についイライラ。
感情をコントロールするには
どうしたらよいですか?

オーラや色にあらわれる
感情が知りたい
≫

カラー・カード
色に隠された秘密の言葉
▶p18

石像の手

GRAY
グレー
体をスキャンする方法を学ぶ　　29

29. GRAY
グレー

LUAの
第一印象は?

シャットアウトしてしまうのも手です

　せっかくのカラーカードなのですが、モノトーンのカードが出ました。同僚とよい気分で接することが難しいあなたの心情は、しっかり伝わります。

　カードをよくみると、写真は石像の手のアップであることがわかります。組んだ手のところに枯葉がたくさん乗っていて、そこがカードの中心になっているのです。グレーは、防御やプロテクトとかいう意味をもちます。

　これらの様子から、この石像のように、自分の力で自分をプロテクトする様子が浮かびました。

カードの意味は？

　グレーは、あなたの肉体、またはオーラにある滞りを識別し、精神的、感情的、肉体的な状態についての情報を与えてくれます。もしも困難な状況にあって希望が見出せないときは、グレーの力を借りて、新たな視点と強さを与えてもらいましょう。

　グレーの光線をイメージし、感じてみてください。そして、機能不全の部位をみつけるために、その光線にあなたの体をスキャンする手助けをしてもらいましょう。あなたの体のなかのブロックや滞りを認識するために、グレーをつかってください。

「カラー・カード　色に隠された秘密の言葉」(株式会社ナチュラルスピリット)解説より

心を無彩色にしましょう

✳ 発言に動じる必要はありません

　感情は、まさに「色」のようなもの。バラ色に輝くこともあれば、どす黒く濁ってしまうこともあります。でもそれは、永続的なものではありません。どんどん入れかわっていくでしょう。

　ひと言多い同僚も、気まぐれにいいたいことをいっているはず。深く考えずに発した意味のない言葉でしょう。それに対して一喜一憂する必要はありません。

　自分の心を無彩色にして接してみましょう。感性を豊かに働かせると、かえって疲れてしまいます。

✳ 周囲から心をプロテクトしましょう

　グレーの色が示すように、あなたはすでに同僚との関係を諦めているようです。つまり悟りの心で受け流すことができているはず。そんなふうに思われているとは知らず、いつも通りいいたい放題の同僚は、放っておいて。同僚のことは気にせず、「私はグレーの石像のように同僚の発言をプロテクトしている」と認識しましょう。

　ただし、常に無彩色になってしまってはいけません。相手によって自分の心の色をかえて、まわりの人の言葉を受け止めましょう。

人見知りなのが悩みです。
どうすれば人と話すときに
緊張がやわらぎますか?

引いたカード

人間でない存在の加護や
助けを求めたい
≫

選んだデッキ

エンジェル
オラクルカード
▶ p32

手を
広げている

顔を
あげている

Celebration
祝賀

LUAの
第一印象は?

外の世界を歓迎しているようです

　手をあげて、なにかを迎え入れているようです。人見知りといいつつも、カード
のイラストはステージに立っているかのような明るい雰囲気も感じられます。外部
をシャットアウトしないで、受け入れる気持ちでいるとよいかもしれません。

　セレブレーションのカードですから、お祝いをするようなポジティブな発言や空
間も求められそうですね。

　また、イラストの天使は顔もしっかり上にあげていますから、もじもじと縮こまら
ずに、視線を前に向けるべきだということも考えられます。

カードの意味は？

　あなたの人生のなかで光り輝くときが訪れました。あなたの待ち望んでいた変化や思い続けてきたことが、いよいよ形となってあらわれてきました。あなたの心をあたたかい感謝の気持ちで満たしてください。

　このカードを通して天使たちが語りかけていることは、感謝の気持ちを強くもってほしいということです。あなたは種を蒔き、それを大切に育てる園芸士のような存在です。種は、いつか花になります。

　ですから、水をあげるのを忘れず世話を怠らないでください。天使たちは収穫の時期がくるまで、園芸師であるあなたをサポートします。

「エンジェルオラクルカード」(株式会社JMA・アソシエイツ)解説より

ゲストを受け入れる気持ちになって

✳ もてなしを心がけましょう

　目の前の人を他人だと思わず、あなたが招いたお客様だと考えて。

　たとえば会議室などで、あなたが発言しなくてはいけないときを想像してください。チェックされていると思うと、どんどん緊張してしまいますよね。そこで、相手はあなたが招いたお客様だと思いこむのです。

　そうすることで、配慮が生まれます。「空調は大丈夫ですか？」「これまでの内容で気になることはありますか？」などと気にかけるような気持ちでもてなすと思えば、言動がスムーズに出てくるはずです。

✳ ケアする意識でいましょう

　目の前の人々に気配りをするタスクが生まれることで、緊張がほぐれる効果も。

　あなたの親切が相手に通じれば、相手は味方となって応援し、助けてくれる存在にもなるでしょう。

　ペットに接するつもりでもよいかもしれません。たとえば友だちの家にペットがいたら、あなたはおいでと手を広げてなでてあげるでしょう。人間にも同じようにケアする気持ちをもって接すれば、届き、感じ取ってくれます。

Reading
リーディング

RELATIONSHIP
Lesson
05

子どもをうまく叱れなくて
わかってもらえず、困っています。
どのように伝えたらよいですか?

引いたカード

カード全体を照らす光

親子とは命を育み
生活をともにする
自然のような存在だから
≫

選んだデッキ

のぼって
きている
太陽

SPIRIT KEEPER
OF THE EAST

ネイティブスピリット
オラクルカード
▶p58

SPIRIT KEEPER OF THE EAST
東のスピリットキーパー

LUAの
第一印象は?

太陽と光に目が奪われます

　東の空から太陽がのぼってきていることから、未来のできごと、そして光に注目する必要があることがイメージされます。

　差しこんできた太陽の光によって全体がキラキラと輝いていますから、言葉にも明るさや前向きさが必要なのでしょう。闇に引きずりこむようないいかたは避けたほうがよいと考えられます。あなた自身が太陽になったつもりで、子どもの心を照らす存在として言葉を伝える意識をもつことも、効果的かもしれません。叱るというより、さとすイメージでしょう。

カードの意味は？

　過去のことは水に流しましょう。古いものを、手放して新しくはじめるときです。過去にどんなことがあったとしても、それを将来またくりかえす必要はありません。

　このカードを引いたのは、今ひとつのサイクルが終わり、別のサイクルがはじまろうとしていることを意味しています。慣れ親しんだ日課や状況を手放すのは難しいものです。けれどネイティブスピリットは、古いものにしがみつかずに、新しい海へこぎ出しなさいといっています。自分のおそれと向き合い、新しい方向へ踏み出してください。

「ネイティブスピリットオラクルカード」（株式会社JMA・アソシエイツ）解説より

未来に目を向けた言葉で伝えましょう

✳ 済んだことは忘れましょう

　済んだことをくどくどいわないで、「次からは気をつけようね」というスタンスで、明るくさとしましょう。過去のことを引き合いに出してあれもこれもと叱っていないか、自分の言動をふりかえってみる必要がありそうです。

　しつこくいうほど、太陽が沈むように、子どもの心も暗くなっていくもの。今日の太陽が沈んでも、明日の朝にはまたのぼります。闇が照らされて、新しい輝きを得るように、子どもを怒りの闇に放置しないで、あなたの言葉で光のなかに引き出してあげましょう。

✳ 明るく伝えるのです

　解説には「過去は水に流す」というキーワードがあります。まさに、子どもがやってしまったことにこだわりすぎないで、未来に目を向けようと伝えています。

　同じことをくりかえされると、疲れてしまう気持ちもあるでしょう。そこが辛抱のとき。やみくもに怒っても、本質的な問題にはたどりつけません。

　あなたが、子どもを照らす太陽になりましょう。子どもの心を明るい状態にしてから言葉を届ければ、子どもも学びとることができるはずです。

Reading
リーディング

DAIRY

Lesson
01

仕事で失敗が続き
休日なのに気分が晴れません……
気分転換になにをすればよいでしょう？

**気分が晴れないときに
心を癒やしてくれそう**

≫

選んだデッキ

**Flower message
Oracle card**
フラワーメッセージオラクルカード
▶ p66

引いたカード

海藻に似た
みた目

花が咲かない
種類の植物

sedum

sedum
セダム

LUAの
第一印象は？

緑の安らぎを求めているようです

　花がモチーフのデッキを選んだのに、花が咲いているカードが出ませんでした。花のような優雅さよりは、緑のような安らぎを求めているのかもしれません。のんびり過ごしましょうというメッセージを感じます。並木道や公園、森など、緑に囲まれた場所で深呼吸をして、リフレッシュするイメージです。

　また、イラストが海藻のようにもみえるので、サラダやスープなどに海藻を入れて食べてもよいですし、アクアリウムで海藻が水の流れとともに揺れる様子を観察するのもよいでしょう。

カードの意味は？

　願いがわいてくるのはそうなる未来が確実に「存在している」からです。一見うまくいっていないように思えることも、すべてが幸せにつながっています。

　だから安心して。願える自分に拍手を。

「Flower message Oracle Card」（沁）
解説より

静かに緑を眺めることで心を癒やしましょう

☀ 緑を感じる場所に行きましょう

「セダム」は万年草とも呼ばれる野草で、多肉植物の一種です。緑が描かれたカードを引いたのは、あなたが花のような華やかさよりも緑がもつ落ち着きや癒やしを必要としているからかもしれません。

　公園や森林など緑がたくさんある場所に出かけ、散策を楽しんでみてください。緑を眺めながら目を癒やし、さわやかな風のなかで耳をすまして過ごすのがおすすめです。身近な緑たちが、あなたの心を癒やしてくれるはず。

　電子機器を手放して、自然の力をチャージしましょう。

☀ 心の静寂が必要です

　気分が晴れないのは疲労の蓄積が原因かもしれません。解説にあるように「落ち着き」や「静寂」を意識して、今はひとりで静かにボーッと過ごしましょう。心落ち着く場所で体をしっかり休めてください。

　気分転換をしたいからといって旅行やスポーツなど、アクティブなことをする必要はありません。なにもしない時間こそが、心身の浄化につながります。自分という存在をみつめなおすことで気持ちがリセットされ、前向きになれるはずです。

何度トライしても
料理をするのが苦手……
どうすればじょうずになれますか?

苦手という感情は自分の
意識のなかにあるはず。
アカシックレコードに
問いかければ克服できそう!
≫

引いたカード

輝く
流れ星

ふたつの
ピラミッド

地中に
埋まった
内臓の
ようなもの

体に
つながる
コード

8. SURVIVAL
サバイバル

選んだデッキ

**アカシックレコード
カード**
▶ p22

LUAの
第一印象は?

種はすでに発芽しています

　地面に内臓を大きくしたようなものが埋まっています。そこから発芽したコードの
ようなものが、体につながってみえます。

　右から左に流れる星は輝く才能のようにも感じるので、あなたはすでに料理の
才能をもっているのかもしれません。

　左右のふたつのピラミッドは「料理をする自分としない自分」もしくは「得意にな
りたい自分となれない自分」といった、あなたの心のなかに存在する両極の自分を
あらわしているようにもみえます。

カードの意味は？

　　人間の肉体の感覚意識は、絶えず時空の中に存在し続けたいという衝動をもっています。私たちは幼いときから、生き残るための戦略を教えこまれ、その行動戦略を一生つかい続けるのです。存続する肉体感覚意識である人間が、魂なしでは生き残れないことを発見したとき、そこに核となる葛藤が生まれます。この葛藤は、カード中央の人物であらわされている魂が、人間の胎児とつながっていることで象徴されています。

　　また、地に足をつけ自己を失わないことで、忍耐力が育まれます。

「アカシックレコードカード」（株式会社ヴィジョナリー・カンパニー）解説より

まずは料理を好きになりましょう

✳ 苦手意識の克服がカギです

　得意であることと好きであることは別の話。料理が得意になりたいなら、料理に親しんで好きになるのがいちばんです。

　まず、苦手意識を手放しましょう。イラストにあるように、あなたの料理の才能という種は、すでに発芽しているはずです。自分で苦手と決めつけているせいで、楽しむことができなくなってしまっているのではないでしょうか。

　凝ったものをつくらなければいけないといった考えをなくし、簡単なものから挑戦しましょう。成功体験の積み重ねが大切です。

✳ 経験を積みましょう

　料理に限ったことではありませんが、スキルアップするには忍耐も必要です。たとえば、包丁づかいをマスターするのには、ある程度時間がかかります。実践をくりかえして上達を目指しましょう。

　料理は生きるための手段とだけ考えるなら、難しいスキルを目指さなくても楽しさを最優先して。

　自分なりのスタイルで取り組めば、料理好きの料理じょうずになれるはずです。

Reading
リーディング

DAIRY

Lesson
03

週末の予定を決めたい！
外出したほうがよいでしょうか？
それとも家にいるべき？

心を満たすには
どうしたらよいか
教えてくれそう
≫

選んだデッキ

ロータスカード
▶ p70

引いたカード

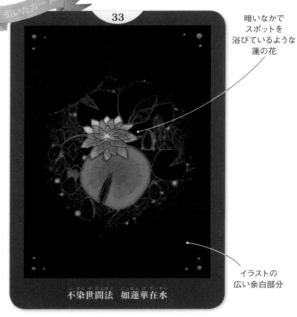

33

暗いなかで
スポットを
浴びているような
蓮の花

イラストの
広い余白部分

不染世間法　如蓮華在水

33. 不染世間法　如蓮華在水
世間の法に染まざること　蓮華の水に在るが如し

LUAの
第一印象は？

外は暗く、家のなかは明るい印象です

　黒いなかにスポットライトを浴びるように蓮の花があります。まわりが真っ暗なの
で、天気が悪くなるのかもしれません。イラストの余白が広く、家や部屋の壁に囲
われているような印象です。出かけていない、もしくは夜に出かける、人を家に招く
といったところでしょうか。

　外の世界と遮断されたきれいな水のなかで、1輪だけ咲いていることから、家の
なかでひとり充実した時間を過ごしている様子も想像できます。家に籠って自分磨
きをしているイメージです。

カードの意味は？

　「泥水のなかに咲く蓮の花のように、まわりの状況に関係なくあなた
自身の花を咲かせましょう」というところに端を発し、〝まわりとは？
自分とは？〟について今一度感じてみるようにいざなっています。
　生きていれば様々なことが起こります。環境や状況によって心を揺
さぶられ、ドロドロした思いが湧くこともあるでしょう。
　泥は汚いイメージがあるかもしれませんが、豊かな養分を含んでい
ます。泥水に含まれる栄養を力にかえ、美しく咲く蓮の花のように、
自らの命を輝かせましょう。

「ロータスカード」(株式会社林武利)解説より

家で過ごす時間を充実させましょう

どんよりした雨模様になりそうです

　暗闇に漂う蓮の花のイメージです。天気が悪そうな週末の外出は控えるのが正
解かも。無理をして出かけても、出先で大雨になる可能性も考えられます。どんより
と暗い一日になりそうです。
　家のなかで充実した時間を過ごせるように、事前に食材を調達し、DVDやゲー
ムなど楽しむための材料を用意しておきましょう。
　解説の「蓮華の水」にちなんで、お風呂でゆっくり過ごすのもよさそう。入浴前に
そうじをすると、心身ともに、より浄化されるでしょう。

楽しむことに集中しましょう

　週末は家で過ごそうと決めたあとに、友人から外出の誘いがあるかもしれません。
テレビや雑誌などでお出かけスポット情報をみて、出かけたい気分になることもある
でしょう。
　解説では、まわりに惑わされず自身の道を貫くよう語りかけています。一度家で過
ごすと決めたら、その時間を楽しむための準備に集中して。
　今は外出するよりも、心静かに自分と向き合う時間が必要なのかもしれません。

Reading

明日は友だちと会う予定です。
せっかくおしゃれするなら
着ていく服はなにがよいですか？

引いたカード

満足そうな
表情

LUAの
第一印象は？

その日の気分で
楽しみながら
カードを引きたい

モミジと
ススキ

選んだデッキ

完全解説付き
歌占カード
猫づくし
絵・千野弥生
監修・後藤裕人

歌占カード
猫づくし
▶ p28

ことに今日
憂へもあらじ
時を得て
花や紅葉の
折に逢ふ身は

二．花紅葉

秋の
味覚

二．花紅葉
はなもみじ

ごちそうで
ご満悦の様子です

ネコがモミジやススキ
のそばで、秋の味覚を前
ににんまりしています。あ
なたもごちそうにありつ
けるのかも。

紅葉の季節は、一日の
寒暖差が激しいことがイ
メージされるので、カー
ディガンなどのはおるも
のがあると安心でしょう。

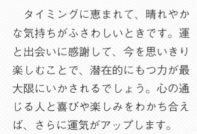
カードの
意味は？

タイミングに恵まれて、晴れやか
な気持ちがふさわしいときです。運
と出会いに感謝して、今を思いきり
楽しむことで、潜在的にもつ力が最
大限にいかされるでしょう。心の通
じる人と喜びや楽しみをわかち合え
ば、さらに運気がアップします。

「歌占カード　猫づくし」
（株式会社夜間飛行）解説より

LUAが読み
解くなら…
はおるものを
用意しましょう

明日は寒暖差があるのかもしれません。
カーディガンをもち歩いたり、ストールを
巻いたりして、急な冷えに備えたコーディ
ネートを考えておきましょう。

また、親友との会食が運気アップのカ
ギのようです。たくさん食べられるように、
ゆるめのシルエットのものを選ぶと安心。
せっかくの会食ですので、お気に入りを着
ていきましょう。

1枚引き足します

Reading
リーディング

DAIRY

Lesson
04-2

場合によっては
友だちの家に泊まるかも。
どんな着がえを用意するべき?

引いたカード

太鼓を
たたく雷様

光る稲妻

一〇.鳴神
なるかみ

LUAの
第一印象は?

急な荒れ模様に
注意して

雷様がたいこをたたいていま
す。雷をともなう雨が降りそうで
す。強風が吹くかもしれません。

また、稲妻が走る様子から光
り輝くものが連想できます。スパ
ンコールやラメが入った服、もし
くはキラキラしたアクセサリーや
宝石のイメージです。

カードの
意味は?

余計な心配は不要です。雷が
あなたの心を探り当てて稲妻を
落とすことはないのです。

落雷をおそれる気持ちは、後
ろめたさから生まれているのか
も。不安をなくすためには、原
因の解消が必要です。

「歌占カード　猫づくし」
(株式会社夜間飛行)解説より

LUAが読み
解くなら…

ハプニングに
備えましょう

雷をともなった雨風が予想されます。濡れても
平気な服を選びましょう。強風に備え、フレアス
カートよりパンツがよいかもしれません。

また、雷のごとく突然あなたにスポットライト
が当たりそう。たとえばテレビの街頭インタビュー
を受けたり、好きな人と偶然出会ったりなどのハ
プニングです。そうなった場合も恥ずかしくない
ような格好をしておきましょう。

稲妻のように光るアクセサリーもおすすめです。

Reading

リーディング

毎日忙しくて充実感はあるけど ふりかえる時間がありません。 今の自分はどのような状態でしょうか?

引いたカード

聖なる存在たちからの
メッセージに従うとよいかも
≫

選んだデッキ

The Oracle from
GALAXY
宇宙から届く聖なる存在の
エネルギー&メッセージ

Art & Messages
Ere*Maria

**ギャラクシー
オラクルカード**
▶ p40

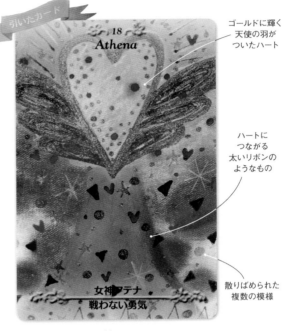

18
Athena

ゴールドに輝く
天使の羽が
ついたハート

ハートに
つながる
太いリボンの
ようなもの

散りばめられた
複数の模様

女神アテナ
戦わない勇気

18. 女神アテナ

LUAの
第一印象は?

強い自信にあふれています

　天使の羽がついた大きなハートがキラキラと輝いています。幅のあるリボンのようなものが下に向かってつながっているようにもみえ、堂々とした印象です。全体的に優しい色あいですが、ハートはゴールドで強い光を放っています。心の強さや自信にあふれている様子をあらわしているようです。

　まわりに散らばっている模様はノイズにもみえます。妬んだり足をひっぱろうとしていたりする人がいるのかもしれませんが、そのような外野の声も気にならず、いざとなればやり返せる強さを、輝くハートから感じられます。

カードの意味は？

　愛こそがすべてであり、愛と叡智と勇気をもって、たくさんの体験、経験、わかち合いをしていくことが大切です。

　自然の恩恵を大事に受けとり、感謝をもって日々過ごすようにしてください。戦わない勇気をもってください……。平和を願うならばそこだけにフォーカスしてください。怒りは戦いを増幅するだけです。そのエネルギーをクリエイティブなことにつかってください。

　あなた自身が平和であることが大切です。なにがあっても揺るぎない自分であるために、自分の深い部分をみつめましょう。

　　　　　「ギャラクシーオラクルカード」(株式会社ヴィジョナリー・カンパニー)解説より

おそれるものはなにもありません

◈ 安定した状態です

　ゴールドに輝く大きなハートは、あなたの強く広い心をあらわしています。ハートの下には幅の広いリボンのようなものが垂れ下がっており、宙に浮いているのに安定している印象です。

　あなたは今、自信に満ちていて、誰からも輝いてみえる存在。まわりにはあなたのことを妬んだり、誹謗中傷したりする人がいるかもしれませんが、あなたは精神的に安定しているので、まったく気にならないでしょう。おそれるものがなにもない、まさに無敵状態です。

◈ 戦わない勇気も必要です

　周囲からの嫉妬によって心無い言葉を投げられることもあるかもしれません。あなたには確固たる自信があるので、穏やかに対応することができます。一方で、攻撃的な相手に対抗できる強さももっています。

　ただし、無益な戦いは避けましょう。さらなる発展のために体力を温存しておくのが賢明です。「戦わない勇気」をもち、相手に愛を注ぐように接することを心がけて。そうすることで、あなたはますます輝きを放つでしょう。

引越し先で迷っています。
Ａは理想的だけど予算オーバー、
Ｂは予算内だけど少し不便な立地。
どちらを選べばよいですか？

2枚引き

まずはＡの物件を思い浮かべてカードを引きます。次にＢの物件を思い浮かべて２枚のカードを引きます。それぞれ読み解いて比較します。

動物的感覚を
研ぎ澄まして
リスクを回避したい
≫

選んだデッキ

スピリットアニマル
オラクル
▶ p48

引いたカード

捕食者であり
捕食される
リスクもあるヒョウ

（ A ）

遠くまで
みわたすことの
できるキリン

（ B ）

44.PANTHER SPIRIT
ヒョウのスピリット

29.GIRAFFE SPIRIT
キリンのスピリット

LUAの
第一印象は？

予算以外のことも考えましょう

　ヒョウが、捕食者でありながら自分も襲われるリスクを抱えているように、Ａには予算オーバーというリスクがあります。リスクを背負ってでもヒョウは狩りをしますが、あなたの場合は、Ａに住むことで得られるリターンが予算オーバーの問題をこえられるかを考える必要がありそうです。

　Ｂのキリンは、長距離移動するイメージと駅からの距離がリンクします。長い首をもつキリンのように、広く全体をみることをうながすメッセージとも取れますね。

　価格だけにこだわらず、生活スタイルに合う物件を探すべきかも。

カードの意味は？

（ A ）

なにかに挑戦するのは、勇気が必要です。あなたは勇敢な人だとヒョウのスピリットが伝えています。今こそリスクを負って、隠れていたあなたの力をみせるときです。かつてないほど大胆に行動し、傷つくことをおそれずに精一杯愛しましょう。

（ B ）

キリンのスピリットがあらわれるときは、高い視点からものごとをみるようにというサインです。人生のあらゆる面で、視野を広げましょう。大局をみることが必要です。予想していたより世界は複雑であることに気づくでしょう。

「スピリットアニマルオラクル」（株式会社JMA・アソシエイツ）解説より

キリンとヒョウ、両方の目線で考えましょう

✤ リスクを避けましょう

捕食者のヒョウであっても、油断しているとねらわれ、食べられるかもしれないというリスクをもっています。

Aにおける予算オーバーもリスクのひとつといえるでしょう。リスクを回収できるあてがないのであれば、よい物件でも今は諦めたほうがよいかもしれませんね。

もしAとBのどちらか選ばなくてはいけない状況なら、コスト的な問題からBが好ましいのかも。次にBのキリン目線で考えてみましょう。

✤ 視野を広げて考えなおしましょう

キリンのように広い視野で物件を考えてみましょう。Bは駅から遠いので家賃は安くなります。でも、ほかの駅を選びなおせば、もっと駅から近くても安い物件に出会えるかもしれません。

さらに沿線によっては、通勤や通学はもちろん、人と出会ったり出かけたりするときの交通費や移動時間にも影響するでしょう。

単純に安いからよいという決めかたはせず、柔軟に条件を現実に対応させれば、メリットが多く、お財布にも優しい物件を選ぶことができるでしょう。

Reading
リーディング
OTHERS
Lesson
03

英会話を勉強しているけど
上達しなくて……現在の状況と
勉強を続けた未来はどうなりますか？

2枚引き

現在の状況と、勉強を続けた未来をイメージして、カードを2枚引きます。現在の状況、未来の自分の順に、1枚ずつ読み解きましょう。

神のお告げが
必要なくらい
悩んでいるから……。

引いたカード

(現在の状況)　　　　　　(未来の自分)

全体的に　　手をのばしている先に　　上下にある　　種子のようなものに　　連なった
明るい雰囲気　ある黄色い花　　　　赤い花　　　閉じこめられている　　涙にも
　　　　　　　　　　　　　　　　　　　　　　　　　　　　　みえる模様

選んだデッキ

日本の神様カード
▶ p52

玉依毘売命

玉依毘売命
たまよりひめのみこと

泣澤女神

泣澤女神
なきさわめのかみ

LUAの
第一印象は？

思わしくない未来かもしれません

　現在は、赤い花と黄色い花が咲いていて華々しい印象ですね。英会話をマスターした自分に夢を抱いている様子がイメージできます。黄色い花に手をのばしているのは、これが理想だからなのでしょう。赤い花も大切そうですが、目に入っていないのかもしれません。

　未来は、種子のようにみえるカードですから、結果が花開いているわけではなさそうです。種なら、いつかは芽吹くというふうにも考えられるかもしれません。まわりも涙のようにみえ、思うようにうまくいってないという印象を受けます。

カードの意味は？

(現在の状況)

　まだ過去の関係性や、傷ついた経験などにとらわれていませんか？　玉依毘売命の助けを借りて、古い思いをさっぱり流し、きちんとさようならをいいましょう。きっとあなたに新しいはじまりをもたらしてくれるでしょう。

(未来の自分)

　泣きたいときに流されなかった涙が、あなたの体やエネルギーフィールドに滞り、生命エネルギーの流れを妨げています。涙にはすばらしい浄化の力があります。泣澤女神はあなたとともに、涙を流してくれるでしょう。

「日本の神様カード」(株式会社ヴィジョナリー・カンパニー)解説より

仕切りなおしが必要です

● まずは足元をみつめましょう

　今のあなたは、英会話さえマスターすれば、すべてがうまくいくと思っているのかもしれません。一方で、不安なくらいに上達できていないと感じているなら、仕切りなおして別の勉強法に切りかえるべき。今のまま進んでも未来のあなたは種子のままですから、英会話をマスターできないようです。

　それどころか、涙がみえますから、あとからはじめた人に追い抜かれてしまうなど、悔しい思いをするのかもしれません。もしくは、英会話自体が楽しめなくなっている可能性もあります。

● 楽しみながら学んで

　解説では現在の状況のカードが「浄化」をあらわします。苦しい気持ちを浄化しないと、未来も明るくないと考えられます。もしかすると、今も実は楽しくなくて、苦しさから目を背けたくて理想ばかり追いかけているのかも。

　一度休むか、楽しむ方法を考えてみては？　外国の友だちや恋人をつくったりSNSで交流したりすると、実践的で英会話に役立ちそう。「私の英語で伝わるんだ！」という発見から自信や楽しさにつながって、未来がかわるかもしれません。

久しぶりに友人と3人で食事へ。
場所を任されて候補を考えたけど
ここで全員楽しめますか？

3枚引き

選んだ店に行ったときにAさん、Bさん、自分がどう
感じるかをイメージしながら3枚のカードを引きます。
それぞれ読み解いて比較します。

動物に欠かせない
「食」にかかわる場所を
選ぶから
≫

選んだデッキ

**ワイルドアンノウン
アニマルスピリット**
▶p74

引いたカード

（ Aさん ）　　　　　（ Bさん ）　　　　　（ あなた ）

背景にある黒　　　地と水をあらわす記号　　　黄色など明るい色の背景

　　　　　　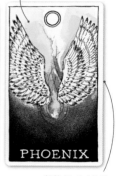

不安そうな　　　　光を放っている　　にこやかな　　　解放されたように
表情　　　　　　ような背景　　　　表情　　　　　　広げている翼

RABBIT　　　　**DOLPHIN**　　　　**PHOENIX**
ウサギ　　　　　　イルカ　　　　　　フェニックス

LUAの
第一印象は？

Aさんだけ不安そうにみえます

　Aさんをあらわすウサギは、よく食べるイメージです。レストランをみて、なに
か料理の面で不安を感じたか、そもそも友人に会うことに対して緊張している可
能性もありそうです。

　Bさんはとくにこだわりはなさそうですね。どこに行っても楽しんでくれそうな雰
囲気があります。「地」の記号のあるAさんと、地の下に流れる「水」の記号の
Bさんは、ゆっくり会話や食事を楽しみたいのかもしれません。

　あなたは無事、決めた店に集まれたことにひと安心。達成感を得ているようです。

カードの意味は？

（ Aさん ）

ウサギは、いつかイーグルがやってきて急に襲いかかってくると友だちに思い出させることが大好きです。

相手がおそれていると、生き生きします。

（ Bさん ）

イルカの能力は、私たち人間のマインドでとらえられる範囲をこえています。イルカタイプと接触すると、あなたの人生が丸ごと変化します。

（ あなた ）

フェニックスは私たちの過去の変容をあらわします。自分が誰なのか、自分になにが起きて、なにをしたのか、というところからは逃げません。

「ワイルドアンノウンアニマルスピリット」（株式会社JMA・アソシエイツ）解説より

静かに話せる場所なら楽しめるでしょう

✦ 落ち着いたお店と話題で楽しんで

Aさんのカードが示す「地」が、Bさんの「水」を受け止めるイメージが浮かびます。ワイワイするよりも落ち着いて話がしたいようです。久しぶりに会うなら積もる話もあるでしょう。当日の話題の準備に集中したいふたりは、店の雰囲気を早く知りたがっているのかも。場所は先に伝えたほうがよいでしょう。

Bさんとあなたは、はじめから楽しそうです。ただ、Aさんは緊張が解けず話に入っていけない雰囲気もありますから、積極的に話題を提供しましょう。

✦ 次回の話も出そうです

あなたはお店選びが大変で当日まで不安かもしれませんが、その場は楽しく進み、結果的によかった、という満足感が得られそうです。

あなたのカードの解説には「輪廻からの自由」とあり、候補選びから解放されたかのようですが、再びその機会がやってくるようです。燃え尽きては生まれかわることをくりかえすフェニックスのように。

Bさんは店が好みだったのか幸せそうで、また集まろうという流れになりそうな雰囲気。そしてあなたは次回の候補も思い浮かんでいるはず。

発展／3枚引き

Reading
リーディング

OTHERS

Lesson
05

今週をのりきるために今日を
どんな一日にすればよいでしょうか?

3枚引き

今日一日をどう過ごしたらよいかをイメージしながら、
朝、昼、夜のカードを3枚引きます。朝、昼、夜の順に、
1枚ずつ読み解きましょう。

引いたカード

メッセージがわかりやすくて
忙しい朝に引くのに便利
≫

選んだデッキ

カエルカード
▶p38

〔 朝 〕

Earth
地球
12

今、日常の生活はとっても大切！手を抜かず
'地球'に生きていることを感じて、地に足を
つけて現実的に生きるあなたはステキな地球人。

12. Earth
地球

〔 昼 〕

Fire
火
16

自分の心に火を打ち、その気にさせるのは自分！
まわりの人や思惑に振り回されず、人生で真に
やりたいことを熱い想いで始めるあなたにエール。

16. Fire
火

〔 夜 〕

Purpose
目的
43

あなたは何のために生きている？真の目的は？
その存在理由に焦点を当てて、確かめながら
行動するあなたの知性が光る。

43. Purpose
目的

LUAの
第一印象は？

昼に勢いを増しそうです

　朝から「地球」という壮大なカードが出ましたが、そこからありがたみを感じる、
地球に感謝するというイメージが浮かびました。地球を大切にするという意味で、
エコを意識するのもよいかもしれません。

　昼は「火」ですから、とにかく燃えて自分のやりたいことをバリバリこなしてい
く様子が浮かびますね。

「目的」なら普通は朝に出そうですが、今回は夜に出たというのが印象的です。
この一日は、頭で考えるよりも先に体が動くような日になるということでしょうか。

カードの意味は？

〔 朝 〕

あなたは今、「地に足をつけること」が必要だと教えています。頭で考えるのではなく、現実の生活で具体的に感じるという作業が求められています。

〔 昼 〕

今直ちに行動を開始する必要があると告げています。あなたはなにをおそれているのでしょうか？　自分の心に点火して行動を起こしましょう。

〔 夜 〕

今しようとしていることの目的は？　どういう結果が望ましい？　自分はなんのために存在している？　真の目的を叶えるための行動が必要です。

「カエルカード」(アトリエ・クスケーニャ)解説より

やりきって充実の一日にしましょう

＊ まずは感謝が大切です

朝は、今の状況や地球にありがたみを感じることが求められています。食材を無駄にしない、植物を育てているなら忘れずに水をあげるなど、自分にできることはたくさんあります。今過ごしている日常は、けっして当たり前ではありません。その幸せに気づき、毎日かわりなく寝起きできることに対して感謝の気持ちをもつよう心がけてください。

穏やかな朝が過ぎたら、忙しい時間がやってくるかも。締め切りに追われているタスクや、返事を滞らせている連絡など、するべきことに気持ちをシフトしましょう。

＊ 明日への気分も高まります

昼は、まさに燃える火の玉のように、するべきことを精力的に進めましょう。今日のうちにすべて終わらせ、完全燃焼を目指して。

ひと息ついたら、夜は、日中に起きたことやクリアしたことをふりかえるとよいでしょう。「がんばった」「やってきてよかった」と満足感を覚えられそうです。有意義だったと確信できたら、今週の目標も絞りこめるでしょう。

このように過ごせば、明日に向かって大きな充実を得られそうですね。

発展 / 5枚引き

Reading

OTHERS

Lesson

06

今年の流れが知りたいです。
どうすれば充実しますか?

5枚引き

1年を読み解くときは、春夏秋冬の4枚を引く方法、1〜12月の12枚を引く方法があります。アドバイスや1年のテーマとして、もう1枚をプラスすると解釈が深まります。ここでは、春(3〜5月)、夏(6〜8月)、秋(9〜11月)、冬(12〜2月)、1年のテーマでカードを引き、順に読み解きます。

色が特徴的で
四季の移ろいを
イメージしやすい
≫

Rainbow Angels
Crystal Card

レインボーエンジェルズ
クリスタルカード
▶ p68

引いたカード

春 29

29. クンツァイト

桜のような
ピンク

新緑のような
黄緑色

夏 25

25. ペリドット

3つ並んだ
宝石

冷えこんだ秋の
夜のような紺色

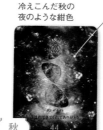

秋 44

44. タンザナイト

光り輝く
ゴールド

1年のテーマ

31

31. パイライト

シックな色だけど
実はルビー

冬 35

35. ルビー

LUAの
第一印象は?

まさに四季の流れのようです

　春は、ピンクということで新しい出会いや、新しい可能性を探る「学び」が浮かびました。夏は、新緑のような色ですので、なにかが新しく芽吹く印象ですね。秋は、夏と同じ数の宝石が並んでいますから、まいた種子が根づき、育っていくイメージでしょうか。冬は、パープルですが宝石はルビーなので、情熱を感じます。

　1年のテーマはゴールド。まさにすばらしい年になりそうですね。

　すべてを並べた様子からは、学びのチャンスをつかんで自分を磨いていく様子と、成功する結果がイメージされます。

カードの意味は？

（ 春 ）

あなたは感受性豊かで優しい人。現状をかえる情熱もあります。

（ 夏 ）

新たな風が吹き、人生のステージが上がりつつあります。

（ 1年のテーマ ）

あなたに黄金の光が降り注いでいます。夢を生きるあなたの姿は、多くの人に希望を与えるでしょう。

（ 秋 ）

すべてのできごとは、あなたを輝かせるために起こったことです。

（ 冬 ）

あなたは揺るがないビジョンを守り抜く強さをもっています。

「レインボーエンジェルズクリスタルカード」(株式会社ダイナビジョン)解説より

自分を信じてチャレンジしましょう

✳ 春・夏は華やかな準備期間のようです

春は、たくさんの人に出会いそうです。世界が広がっていくことを感じられるでしょう。あなたの人生に影響を及ぼすような人との出会いもあるのかもしれませんね。すべてが先につながる学びだと思って、大切にしたほうがよさそうです。

夏は、春に出会った人から仕事や趣味などにおいてワクワクする誘いがありそう。いろいろなものの巡り合わせが、夏に整うイメージです。ここで生まれるものは実りそうですから、チャレンジしてみるべきでしょう。

✳ なにがあっても前向きに進みましょう

秋はメッセージに「生まれてきてくれてありがとう」とありますから、プロジェクトリーダーに選ばれるなど、存在が認めてもらえるできごとが起こるでしょう。夏の芽吹きをたやさないためにも、満足しないで自分磨きをすることも求められそう。冬は、少し疲れてしまうのかもしれません。

秋と冬は困難もありそうですが、1年のテーマは、意志を強くもてば「願いが叶う」ですから、自分を信じて、流れに身をまかせながら進めば、手にする成果が大きい1年になりそうです。おそれる必要はありません。

Reading

OTHERS

Lesson
07

明日は月曜日。今週はどんな1週間？
なにに注意すればよいですか？

 7枚引き

1週間をイメージして、各曜日に対して1枚カードを引きます。順に1枚ずつ自分の気持ちを読み解き、どんな1週間になるか最後にまとめます。1週間のテーマとして最後に1枚引いてもよいでしょう。

どんな1週間になるか
心の状態から予想したい
≫

選んだデッキ

INNER CHILD CARDS
インナーチャイルドカード
A Fairy-Tale Tarot

**インナーチャイルド
カード**
▶ p24

(月曜日)
のぼってくる太陽と
励まし合っている人たち

The Yellow Brick Road
黄色いレンガ道

(火曜日)
月と
みあげている女性

Cinderella
シンデレラ

(水曜日)
手元を離れた剣と
脱いだカブト

Guardian of Swords
ソードの守護者

(木曜日)
カラフルな蝶と花で
泣いている妖精

Seven of Wands
ワンドの7

(金曜日)
ふたりの人魚と
中央のハート

Ace of Hearts
ハートのエース

(土曜日)
書き物と本、小鳥、
外にみえる景色

Seven of Swords
ソードの7

(日曜日)
頂上にある
雪の結晶と仲間

Six of Crystals
クリスタルの6

 LUAの
第一印象は？

週の前半が忙しそうです

　週前半の月曜日は太陽と励まし合う人たちから、やる気や意欲を感じます。その勢いのまま時間が過ぎ、夜に自分で自分をほめていそうなのが火曜日。水曜日は武器を手放しているので、ひと段落したのかも。

　週後半の木曜日はカラフルな蝶が飛んでいますから、あれもこれもと忙しいようです。金曜日は、満足感が得られたポジティブな印象ですね。週末の土曜日は、外を眺めていますから、来週のことを考えていそう。日曜日は、頂上にいちばん近い人があなただとすると、なにか目的をみつけたようにみえます。

カードの意味は？

(月曜日)

至高の目標に向かって、胸を弾ませながら歩いていきましょう。

(火曜日)

哀悼と謙虚さの重要性は、深い喜びやハートが輝く糸口になります。

(水曜日)

できるだけ至高の真理にそって生きる情熱を取り戻しましょう。

(木曜日)

自分の体を癒やすことで、ヒーラーになれます。

(金曜日)

愛はけっしてあなたをみすてることはありません。

(土曜日)

ひとりで過ごす時間に感謝し、大切にしてください。

(日曜日)

プロセスを尊重し、自分を信じましょう。

「インナーチャイルドカード」(株式会社ヴィジョナリー・カンパニー)解説より

LUAが読み解くなら…

人のためにもペース配分が大切です

❖ 週の前半は凝縮されているでしょう

1週間が暖色から寒色へグラデーションになっています。パワフルに前半を過ごし、週末は穏やかなのでしょう。月曜日からハイペースで進み、火曜日には月をみながらセンチメンタルになってしまうほど内容の濃い2日間になりそうです。その分、水曜日は力を抜いて、立てなおす意識が必要です。それがターニングポイントになるでしょう。落ち着いていると、木曜日は人から相談を受けるかも。自分の予定もありますから、あっという間に一日が過ぎそうです。

❖ 後半はうれしいできごとで気持ちが満たされそうです

金曜日には愛を示すカードが出ています。これは、月・火曜日とがんばった成果として感謝される、木曜日に受けた相談事が解決するなどうれしいことがあるのでしょう。その結果、満たされた気持ちで週末を迎えられそうです。週末はのんびり過ごすと、新たな希望や目標がみつかり、英気が養われます。

このように読み解くと、自分、そしてまわりの人を大切にするために、早めの行動を心がける必要があるともいえます。せわしさを感じるかもしれませんが、それが幸福につながるはずですよ。

あなただけのスペシャル
カレンダーをつくってみましょう

オラクルカードを毎日引く時間が取れない人も
いるのではないでしょうか。
そんなときはまとめてカードを引いてみましょう。

毎日1枚ずつ引くと同じカードばかり出ることもありますが、
一度に引くとそれがないため、カードを覚えることにもつながりますよ。

週末に翌週7日分のカードを、月末に次の1か月分のカードをまとめて引きます。
いつも通りカードをカットしたら、心を落ち着けて
メッセージを受けとりたい週や月をイメージします。

1日目から順にカードを引き、1枚ずつ並べましょう。
1か月分のオラクルなら、カレンダーのように、4～5段に並べてもOK。
カードをメモしたり、写真に撮っておいて。

その日のラッキーカラーとして、カラーカードなど色が印象的なカードを
引いていくのもおもしろいでしょう。
1週間や1か月の流れを読み解いても楽しいですよ。

メモするときは、キーワード以外に、カード名や
感じたことも記しておくとよいでしょう。
自分だけのオラクルカレンダーができあがります。
ぜひ、試してみてくださいね!

Special Content
スピリチュアル用語ガイド

オラクルカードの解説でよくつかわれる言葉
スピリチュアルの専門用語で
本書で紹介したオラクルカードの解説に登場する言葉

ここでは、スピリチュアルな世界に関する用語をまとめました。
用語の多くは、私たちの五感では
理解できない世界についてあらわしたもの。
目でみたり、耳で聞いたりできない
「現象」や「概念」です。
そのため、辞書のように定義づけをすることは難しく
つかう人のとらえかたによって、
同じ言葉であっても様々な意味を指すこともあります。
カードによって語られている内容が
まったく違うということも。

最初は、とまどいを覚えるかもしれませんが
オラクルカードをつかっていくうちに
ニュアンスが違うことになれていくでしょう。
「どの意味が正しい」ということではなく
「それぞれのとらえかたがある」と受けとることで
あなたの可能性も大きく広がるでしょう。

あ

アーシング

体や、すあしで直接地面にふれることです。「大自然のエネルギーを体内に取り入れる」「肉体の不要なエネルギーを地面に流す」「**グラウンディング**(p88)をより効果的に行う」などの目的をもって行われるスピリチュアルな**ワーク**(体験型の学習／p181)のひとつです。

アカシックレコード

過去から現在、そして未来にいたるまでの、全宇宙のできごと、思い、感情が記録されているフィールド(場所)が存在するという考えかたです。サンスクリット語で「空間」を意味する「アーカーシャ」と「記録」を意味する英語「レコード(Record)」とが組み合わされてできた言葉。宇宙のあらゆる情報が網羅されていることから「宇宙図書館」とも呼ばれ、私たちも適切な方法によってアクセスすることで、アカシックレコードを読み解くことができるとされています。

アセンション

地球や人類が、より高い次元に移行することを指す言葉です。「次元上昇」ともいわれ、2012年には地球に大規模なアセンションが起こるとされました。物質的なものから精神的なものに価値がおかれるようになり、個人のエゴが手放され、感謝や慈悲に満ちた世界になるともいわれています。現在はアセンションの過渡期であるという解釈もされ、数十年〜数百年といった大きな時代観でとらえる人もいます。また、アセンションの波に乗れる人、そうでない人がいるとされ、それらを称して「二極化の時代」と表現されることもあります。

アセンデッドマスター

スピリチュアルな世界のリーダーとして私たちを導く、霊的指導者のことです。キリスト教を説いたイエス・キリスト、仏教を開いた仏陀などが挙げられます。インド独立の父、マハトマ・ガンジーや、貧困者を救う活動を行ったマザー・テレサなど、歴史上の偉人が挙げられる場合もあります。アセンデッドマスターの特徴は、私たちと同じように人間としての体験を重ねているということです。そのため、私たちのかかえる悩みや思いに対して共感を示してくれ、具体的な形で私たちをサポートしてくれる存在ととらえられています。

アチューンメント

高次元の**エネルギー**(p165)をつかえるように、エネルギーが通じるための回路を開くことをいいます。**ヒーラー**(アチューンメントを施す側／p177)がクライアント(エネルギー

を受ける側)に対して、アチューンメントのエネルギーを送るのが一般的なやりかたです。アチューンメントを受けると様々な能力が目覚めるともいわれます。

アトランティス

大西洋の中心に存在したといわれる古代文明のことです。高いレベルの文明と豊かな資源をもち、交易が盛んだったと語りつがれています。大地震と洪水から一夜にして沈んだとされ、幻の文明として今でも多くの人々の心をひきつけています。

あなたの中心

私たちの中心軸のことです。私たちの意識は、周囲のできごとや、感情の変化によって様々に揺れ動きます。とくに、悩んだり、不安になったりすると、自分自身の軸が不安定になってしまい、「心ここにあらず」という状態になってしまいがち。こうした状態から「本来の自分」へ意識を戻すために、「自分の中心」にフォーカスすることが大切、とスピリチュアルの世界では説かれます。通常は、丹田（おへその数センチ下）や心臓のあたりに意識をフォーカスし、心や呼吸を落ち着かせていくことで中心は取り戻せるといわれています。誘導瞑想（音声ガイドに従って行う瞑想）でイメージを描く、などの方法を行う人も少なくありません。

アファメーション

英語（Affirmation）で、「肯定」「誓願」を意味する言葉です。私たちの思いや夢を肯定的な言葉（文章）でくりかえし唱えることにより、潜在意識に働きかけ、宣言として現実化することです。近年では、「イメージトレーニング」や「ポジティブシンキング（積極的な考えかたをすること）」などと同様に、アスリートやビジネスマンの世界でも盛んにとり入れられています。アファメーションの文章は誰でもつくることができます。その際、以下の3点に注意することが大切だといわれています。

＊ 否定的な言葉はつかわずに、すべて肯定文で文章をつくること
＊ 夢や思いがすでに実現したかのように現在形で表現すること
＊ くりかえし、声に出して唱えること

アロマテラピー

植物から抽出した精油（エッセンシャルオイル）を用いてリラクゼーションやストレスの解放、心身のトラブル解消を目的とする療法のことです。アロマセラピーとも呼ばれます。

意識の拡大

私たちの意識を物理的な側面だけでなく、より広い領域にまで拡大をしていくことです。肉体からエーテル体、エーテル体からアストラル体へと徐々に意識を拡大することで、様々なメッセージを受けとることができるようになるとも説明されます。
※エネルギーフィールド（p166）を参照。

インディゴチルドレン

地球を次元上昇させる、すなわち**アセンション**(p162)するために生まれてきたといわれる子どものことです。古いシステムや慣習をつくりかえる役割をもち、**第1チャクラ**(p175)が開かれており、直感力にすぐれているといわれています。その力のため、地球上のルールになじめないこともあり、生きづらさを感じる人も少なくないとされています。

インナーチャイルド

私たちの意識の奥底にいるといわれる、子どものころの自分のことです。「内なる子ども」ともいわれ、私たちの現在の行動にまで影響を及ぼすとされています。私たちは、生まれ育った環境のなかで、周囲の影響を受けながら心が育まれていきます。その過程で、「ありのままでいることが許されない」「周囲から関心を向けてもらえない」などの経験があると、どこか抑圧された感情があったり、心が傷ついたりして、考えかたや行動に影響を及ぼすといわれます。「いくつになっても自信がもてない」「どこか感情が不安定」「いつも不足感がある」「白黒はっきりしていないと落ち着かない」など、その様子は様々です。インナーチャイルドを癒やし、本当の自分を取り戻すためのメソッドは心理学の世界をはじめとして、たくさん研究されています。数あるオラクルカードのなかには、インナーチャイルドの癒やし・解放を目的とするカードも存在します。

インナーワーク

自分の内面(インナー)をみつめ、気づきをうながしていく**ワーク**(p181)のことです。瞑想やカウンセリング、セラピーなど様々な方法で行われます。心の奥にあるネガティブな思いこみや、過去に体験したことからくるひとりよがりな価値判断などにみずから気づくことで、自分自身の変容をうながす、とされます。その根底には、スピリチュアルの世界でしばしばつかわれる「この世界の現実は、すべて自分自身がつくりだしたもの」という考えかたがあります。そのために、自分がかわれば、世界がかわっていくのです。

ヴィジョン

「あるべき姿」「目標」「未来図」など、自分が実現したいことを指します。つかう人によっては、実現したときの感覚(満たされる、心がおどる様子など)も含まれるようです。ヴィ

ジョンを明確にすることにより、実現したいことは具現化しやすくなるといわれることも多く、そのための**ワーク**(p181)が行われることもあります。

ヴォルテックス

渦(Vortex)を意味する英語です。スピリチュアルの世界では、「**エネルギー**(p165)が渦巻く場所」を意味することが多いようです。その場がもつエネルギーの高さから、「パワースポット」と同じ意味でつかわれることもめずらしくありません。アメリカのアリゾナ州にある有名なパワースポット、セドナには、4つの大きなヴォルテックスがあり、世界中から多くの観光客がおとずれています。

内なる平和

サンスクリット語で「シャンティ」と呼ばれる言葉です。世界におそれをいだかず、落ち着いていて、穏やかな心の状態です。「**本当の自分**(p178)」を取り戻すことができれば、ごく自然におとずれるといわれています。

宇宙意識

※**大いなる存在**(p167)を参照。

生まれかわり

肉体が死を迎えたあとに、魂が新たな肉体へと転生していくという概念です。仏教やヒンズー教で広く説かれた概念が、スピリチュアルの世界にとり入れられたと考えられています。私たちが生きている今の人生(今世)のほかに、「前世」(今の体になる前)、「来世」(今の体を手放した先)があるとされ、それぞれが影響を与えあっているという教えかたもあります。

エナジーバンパイア

まわりの人の**エネルギー**(p165)や気力などを無意識のうちにうばう人のことです。この言葉をつかう人によっては、うばう対象が「人間関係」や「時間」など広い概念を指すこともあります。

エネルギー

【類語】オーラフィールド、バイブレーション、波動
この世界に存在するものが発する独自の波長を総称したものです。この波長が周囲に伝わったものがエネルギーといわれるものです。「なんとなく嫌な雰囲気の場所」「はじめて会ったけどよい人だと感じた」といった感覚を覚えた場合、無意識のうちにエネルギーを感じていると説明されることもあります。五感をつかって感じられるものという人も、五感をこえたものだとする人もいます。この言葉をつかう人のなかにも、様々な解釈があります。

エネルギーコード

エネルギー(p165)が流れるラインのことです。人と人、人と物との間をつなぐエネルギーのパイプのようなもので、目にはみえません。このラインを通じて、ポジティブなエネルギーを受けとったり、反対に他人のネガティブな思いなどがやってきたりするといわれることも。また、地球の中心とエネルギーコードを結びつけることにより、地に足がついた生きかた(**グラウンディング**／p168)ができるともいわれます。

エネルギーセンター

※**エネルギーフィールド**(p166)、**チャクラ**(p175)を参照。

エネルギーフィールド

私たちの肉体を覆う、何層にもなっているといわれるエネルギーの領域のことです。ここにはエネルギーが流れており、不調和があると、肉体や精神に変調をきたすともいわれています。
エーテル体／「オーラ」や「気」ともいわれます。肉体にいちばん近い層のこと。
アストラル体／「幽体」「感情体」ともいわれます。感情の影響を受けやすい層です。
メンタル体／「精神体」ともいわれます。思考を司る肉体の微細な部分の層です。
コーザル体／「思考体」ともいわれ、メンタル体よりも微細な部分の層です。

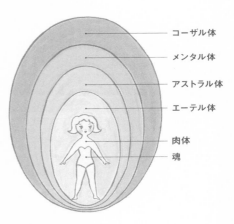

コーザル体
メンタル体
アストラル体
エーテル体
肉体
魂

エンパス

他者への共感力や感受性が高い人のことを指します。**ヒーリング**(p177)やセラピーをするうえで大切な資質ですが、あまりにこの力が高いと「相手の悩みを自分のことのように受けとってしまう」「空間や場所の**エネルギー**(p165)に過剰に反応してしまう」など、生きづらさを感じるともいわれています。近年では、HSP（Highly Sensitive Person）という言葉でも知られるようになりました。

エンパワメント

個人がもっている力を引き出し、周囲の環境や人間関係によい影響を与えていくことを指します。スピリチュアルの世界だけでなくビジネスの分野でも広くつかわれている言

葉です。

大いなる自己

※**本当の自分**(p178)を参照。

大いなる存在

【類語】サムシンググレイト／創造主／宇宙意識／大いなる源

この言葉には、主にふたつの意味があります。

①この世界をつくった創造主(または、それに類するもの)

一神教の概念(おもに西洋)では、この世界をつくった創造主が存在するとされます。太陽や月、自然や生物、そして人間も創造主がつくりだしたものです。そうした唯一無二の存在を「大いなる存在」と表現します。その創造主のもつ力の偉大さから、私たちが直面する現実には「創造主の意図が含まれているだろう」という考えかたが成立します。そうした大いなる存在の意図を知るためのツールとしてオラクルカードはつかわれます。

②この世界に働く不思議な大きな力

多神教の概念(おもに東洋)では、世界にははかり知れない大きな力が永遠不滅に存在しているとされます。その力の働きから、地球や自然が生まれたとされ、大自然をはじめとする大きな力(太陽、月、水、火、風など)に名前がついたもの、それが神です。私たち人間も、この大きな力の働きから誕生したものです。神や人間を生み出した源の力を「大いなる存在」と呼びます。この力とつながりをもつためにオラクルカードはつかわれます。

大いなる源

※**大いなる存在**(p167)を参照。

オーバーソウル

「高次の魂」を意味する言葉です。私たちは現在の事柄だけを知覚して生きていますが、スピリチュアルの世界には過去、現在、未来がすべて同時に存在しているという考えかたがあります。それらすべてを生み出した存在を「オーバーソウル」といいます。

オーム

サンスクリット語で「聖なる音」といわれる音のことです。「ア(創造)」「ウ(維持)」「ム(破壊)」を1語につなげた音で、この世界のすべてをあらわしているといわれます。

オーラフィールド

※**エネルギーフィールド**(p166)、**波動**(p177)を参照

オラクルメッセージ

「オラクル」とは、日本語で「神託」のことです。大きな存在からのメッセージやインスピレー

ションを、「オラクル」と呼んだり「オラクルメッセージ」と呼んだりします。オラクルカードを通して受けとるメッセージの総称、といってもいいでしょう。

ガーディアン

守る者、保護者(Guardian)を意味する英語です。オラクルカードにおいては自分を守ってくれる天使と、ガーディアンエンジェル(守護天使)を表現するときにつかわれます。

カイロス時間

人間が主観的に感じる時間のことです。過去から未来へと一定速度で流れていく「**クロノス時間**(p170)」に対して、ただこの一瞬をあらわすこともあります。

カルマ

「なにかを行えば、なにかしらの結果が生まれる」という世界の摂理のことです。もともとは、古代インドで生まれた思想とされています。一般的に、「よい行い」をすることで、「よい結果」や「(自分にとって)楽になる結果」が生まれ、「悪い行い」をすることで、「悪い結果」や「(自分にとって)苦しくなる結果」を生むといわれます。日本語では、「業」といわれます。

カルマヨガ

「行いのヨガ」と呼ばれるヨガの代表的な概念のひとつです。「行いの結果に執着せずに、今するべきことをする」と説かれています。

ギフト

私たちが生まれながらにして与えられた資質・才能のことです。そのなかでもとくに、卓越性をもつ資質に対してつかわれる言葉です。オラクルカードは、私たちがもつ「ギフト」に気づかせてくれるツールといってもよいでしょう。

逆位置

※**正位置**(p173)を参照

グラウンディング

地に足をつけることです。英語の「グラウンド(Ground)」がこの言葉の語源です。先のことを考えすぎたり、感情に振りまわされたりしすぎると、私たちの意識はどうしても頭(思考)に傾いてしまいます。そうした状態は、地球(自然、大地)のエネルギーから

私たちが離れてしまっている状態だといわれます。そんなとき、頭であれこれ考えるより、地面にしっかりと足をつけ、地球のエネルギーとのつながりを取り戻すことが大切といわれます。グラウンディングは、スピリチュアルの**ワーク**(p181)をする前には必須ともいわれ、瞑想や呼吸による方法や、音やアートなどをつかってイメージを活性化させる方法など、様々なやりかたが提唱されています。第1チャクラ(p175)と関連づけて説明されることもあり、グラウンディングした状態になるとチャクラが開くともいわれます。

クリスタルチルドレン

インディゴチルドレン(p164)と同様、地球を次元上昇させる目的で生まれてきた子どもです。とくに、1995年以降に生まれた子どもにこの呼びかたがつかわれます。クリスタルのように純粋な魂をもち、純粋な愛を伝えることにためらいがない、と説明されます。

クレアオーディエンス

聴覚をこえたガイダンスやメッセージが、はっきりと聞こえる能力のことです。自分と似た声が聞こえる場合もあれば、まったく違う声が聞こえる場合もあるといわれています。

クレアコグニザンス

はっきりと「知る」ことができる能力のことです。理解までのプロセスを論理的に説明できなくても、突然ひらめいたり、急に確信を得たりすることができる力といわれています。

クレアセンティエンス

はっきりとなにかを「感じる」能力のことです。一般的には、第六感(シックスセンス)といわれ、五感に頼らずに感じとる力だと説明されます。肉体感覚の変化や筋肉の緊張など、感じかたは人により様々だといわれています。

クレアボヤンス

透視能力のことです。五感では知覚できないことを感じとり、頭のなかに思い描くことができる能力を指します。

クレドン

古代ローマに存在していたとされる、メッセージを受けとる方法です。質問を思い浮かべてから、人々が行き交う雑踏に入り、行き来する人々の言葉に耳を傾けることでメッセージを受けとります。

グロスボディ

「粗大な体」と呼ばれ、肉体を構成する皮ふや臓器など、目にみえる体のことを指します。目にみえない体(気や精神など)を意味する**サトルボディ**(p170)と区別されます。

クロノス時間

客観的な時間のことです。過去から未来へと一定速度で流れていく時間のことで、私たちが「時間」と聞いて想像する概念のことです。

クンダリーニ

ヒンズー教の概念で、人間のなかにある生命的なエネルギーのことです。仙骨のあたり（第1チャクラ／p175）に眠っているといわれ、インドではヘビの姿で表現されることもあります。**シャクティ**（力／p171）の同義語としてもつかわれます。

高次元の世界

私たちの住む次元（三次元）をこえた世界のことです。3つの要素（縦、横、高さ）で成り立っている三次元に、「時間」を加えた世界を四次元といいます。さらに、人間の五感では理解しえない、五次元や六次元の世界もあるとされ、その次元に住む存在とコミュニケートすることで、様々なメッセージやヒントを受けとることができるといわれています。オラクルカードの著者によっては、「神々の世界」「スピリットの世界」「魂の世界」などと表現することもあります。

さ

サイキック

人間の五感を超越した世界を、みたり、聞いたりする力がある人を指してつかう言葉です。「サイキッカー」と表現されることもあります。その力は超自然的であり、科学では説明することが難しいため、「超能力」といわれることもあります。

サイコメトリー

超能力のひとつです。ものや場所に残る、人間の思いや感情を読みとる力のことです。

サードアイ

第6チャクラ（p175）が活性化すると眉間のあたりにあらわれるとされる、目にはみえない概念のことです。ここが開いて活性化すると、直感が冴え、スピリチュアルなものを感じる力が高まるといわれています。「第三の目」や「内なる目」とも呼ばれます。

サトルボディ

「微細な体」と呼ばれ、呼吸や気の流れなど、目にはみえない体の領域のことです。目にみえる肉体（皮ふ、臓器など）を意味する**グロスボディ**（p169）と区別されます。

サムシンググレイト

※**大いなる存在**(p167)を参照。

シェイプシフター

みずからの姿を様々な形に変身させることができる存在の総称です。

ジプシー

おもにヨーロッパで移動型の生活をしている、特定の居住地域をもたない人々のことです。タロットカードの原型となる占いカードを生み出したともいわれ、このカードは現在も「ジプシーカード」として広くつかわれています。

ジャーナリング

頭や心に浮かぶことを、ただ思いつくままに紙に書き出すことです。「今・ここ」に集中し、心の状態を客観的にみることから、「書く瞑想」と呼ばれることもあります。

シャーマン

神につかえ、神の意志(神託・神意)を世の人々に伝える人のことです。オラクルカードでは祈祷師や巫女、祭司などを指す場合が多いようです。

シャクティ

サンスクリット語で「力」を意味する言葉です。「目にはみえないエネルギー」「まだ開発されていない力」などの意味でつかわれます。

シンクロニシティ

同じようなできごとが、同じタイミングで起こることです。「意味のある偶然の一致」や「共時性」ともいわれ、心理学者のユングによって提唱された概念です。「連絡しようと思っていた人から連絡がきた」「悩んでいたことが、たまたま開いた本に書いてあった」など様々な形がありますが、その理由は科学的に解明されているわけではありません。一説によると、「人間の意識は深いところでつながっている」ためといわれます。たまたま引いたカードから、意味やメッセージをひも解くオラクルカードは、このシンクロニシティを利用した占い方法といってもよいでしょう。

神聖なスピリット

※**本当の自分**(p178)を参照。

スクライング

黒い板状の物質や水晶、水などに映し出された映像を基に、運命や高い次元の**ヴィジョン**(p164)をみる技法のことです。

スターシード

地球以外の星からきたといわれる魂のことです。地球の**アセンション**（p162）をサポートするために生まれる、といわれています。困難や、トラブルが渦巻く地球にわざわざ生まれることから、魂の成長を強く求める気質があるともいわれます。この魂をもつ人は自分の使命に沿った生きかたができるまで「心が落ち着かない」「とりつくろうだけの人間関係に耐えられない」「なにか深い生きかたがあるのではと考えている」などの共通した生きづらさがあると説明されます。

スターチャイルド

宇宙人の魂を宿しているといわれる人のことです。「**スターシード**（p172）」「スターピープル」ともいわれ、地球の**アセンション**（p162）のために志願して地球に生まれてきたとされます。言葉をつかってコミュニケーションをとらなくても他人の気持ちがわかる力（**エンパス**／p166）が高いともいわれています。

スピリチュアルハイアラーキー

人類が高いレベルへの進化を果たしていくように監督する存在のことです。

スピリチュアルな成長

物理的、物質的な成長ではなく、霊的（スピリチュアル）に成長するということです。「目にはみえない世界のことがわかってくるようになる」「世界を巡る法則について理解が生まれてくる」「自分自身を客観視できるようになってくる」など、様々なシーンでつかわれる言葉です。「魂が成長する」と同じ意味合いで語られることも多い言葉です。

スピリット

霊や魂を意味する言葉です。または、人間のように粗大な肉体（**グロスボディ**／p169）ではなく、より微細な肉体（セレスティアルボディ）でできている天使や精霊といった存在のこととされます。「聖なる存在」と表現するオラクルカードの著者もいます。

スピリットガイド

守護霊、指導霊とも呼ばれ、私たちが選択に迷ったり、困難に直面したりした際に最善の道を示してくれる存在です。私たちの誰もがスピリットガイドをもっているといわれ、私たちの意識がつながることによって人生がよりひらけていくとされています。つかう人により様々な解釈をされますが、次のことである場合が多いようです。
①守護天使（**ガーディアン**／p168）
②**アセンデッドマスター**（p162）
③**ハイヤーセルフ**（p177）
④先祖

⑤**アニマルガイド**(「トーテムアニマル」「アニマルメディスン」とも呼ばれ、私たちを守護してくれる動物のこと)

私たちが生まれる前の段階(前世)から、私たちの成長にかかわっているのがスピリットガイドである、という考えかたもあります。

スピリチュアル

人間が理解できる範囲をこえた、目にはみえない世界、または霊的で精神的なものごとや事柄を意味する言葉です。近年ではつかう人により様々な解釈がされ、「自己啓発」や「願望実現」といった意味合いと関連づけてつかわれることも多いようです。

スプレッド

複数枚のオラクルカードを引くときの、カードの配置のことです。2枚のスプレッド、3枚のスプレッドといったシンプルなものから、10枚以上のカードを展開するスプレッドなどもあります。

スペクトル

エネルギー(p165)の階層のことです。物質などのエネルギーは低次元に、**スピリット**(p172)などのエネルギーは高次元にあるとされます。

正位置

オラクルカードの上下(天地)が、正しく出ている状態のことです。反対に、ひっくりかえって出ることを「逆位置」と呼びます。タロットカードでは、両者を区別して読み解きをするのが一般的ですが、オラクルカードは正位置でも逆位置でもカードのメッセージがかわらないのが一般的です。ただ、違った意味合いを与えているカードもあります。詳しくはそれぞれのカードの解説をみましょう。

セイクラル

人間の肉体で「仙骨」を指す言葉です。第2**チャクラ**(p175)に対応するといわれ、私たちの生命力を司る場所だといわれています。

聖性

キリスト教でつかわれる言葉で、聖性をもつとは、聖人になるということです。考えかたや言動がイエス・キリストと同じになることであり、キリスト教徒の最終目標とされています。

精霊

超自然的な存在のことです。木や水、風や火など自然界のあらゆるものに存在するといわれ、神々への信仰のように崇拝の対象にする人もいます。一般的には「目にはみえないもの」

とされ、西洋の物語に登場する「天使」や「妖精」は姿や形をもっている点で、精霊とは大きな違いがあると説明されます。

創造主

※**大いなる存在**(p167)参照。

ソウルメイト

英語の「ソウル(Soul／魂)」と「メイト(Mate／伴侶)」を組み合わせた言葉です。「魂の伴侶」とも呼ばれます。この言葉はとても広範囲につかわれます。「同じ価値観をもつ仲間」「運命のパートナー」といった具合に深いつながりを感じる人を指す場合もあれば、「過去世からなんらかの縁があった」「今世で同じ課題をクリアするために生まれかわった」など、今世において同じ課題をもって生きる人としてとらえるケースもあります。

ソウル・リトリーバル

私たちの傷ついた魂を癒やす**ヒーリング**(p177)のことです。大切な人との別れ、つらいできごとや過酷な体験などをすると、生き生きとした感性を失ったり、感情にふたをしてしまったりすることがあります。ソウル・リトリーバルはそんな経験を通じて、失ったり抑えたりした感性を開放し、本来の自分へと戻る手助けをするヒーリングです。

ダイナミックス

「力学」を意味する言葉です。スピリチュアルの世界では「グループダイナミックス」という形でよくつかわれます。集団における個人の行動や考えかたが周囲に影響を及ぼし、また逆に周囲から影響を受けるという、相互関係から生まれる集団の力学のことです。

魂の目的

※**本当の自分・本来の自分**(p178)を参照。

ダルマ

サンスクリット語で「法」「調和」「正義」を意味する言葉です。この世界を司る大きな法則。また、それに調和して生きるライフスタイルのことです。

地球の霊的階層

地球には、エネルギーの階層があり、低い階層から高い階層まで垂直に存在しているという考えかたを指します。**スペクトル**(p173)に近い概念です。

地上の天使

「アースエンジェル」とも呼ばれ、地上に降り立った天使のことです。地球を助ける、地球をますますよくする、などの意図をたずさえてやってきたといわれます。

チャクラ

私たちの体に存在するといわれるエネルギーの出入り口です。一般的には、肉体のセンターラインに７つあるといわれています。言葉の由来は、「車輪」を意味するサンスクリット語で、その意味のとおり「回転」しているといわれています。古くからのインドの聖典でもあつかわれていますが、現在、私たちが目にするものの多くは、近代に確立されたチャクラ観であるといわれています。チャクラを開発することにより、それぞれに対応した能力が開花する、それぞれのチャクラに対応するパワーストーンやアロマオイルがあるなど、この言葉をつかう人によって様々なチャクラ観が存在しています。

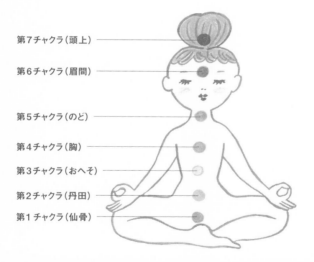

第7チャクラ（頭上）
第6チャクラ（眉間）
第5チャクラ（のど）
第4チャクラ（胸）
第3チャクラ（おへそ）
第2チャクラ（丹田）
第1チャクラ（仙骨）

チャクラ	名称	色	存在する場所	つかさどる力
第1チャクラ	ムーラーダーラ・チャクラ	レッド	仙骨	生命力、グラウンディング
第2チャクラ	スヴァーディシュターナ・チャクラ	オレンジ	丹田	バイタリティ、行動
第3チャクラ	マニプーラ・チャクラ	イエロー	おへそ	感情、意思
第4チャクラ	アナーハタ・チャクラ	グリーン、ピンク	胸	愛情、思いやり
第5チャクラ	ヴィシュッダ・チャクラ	ブルー	のど	表現、コミュニケーション
第6チャクラ	アージュニャー・チャクラ	ネイビー	眉間	インスピレーション、直感
第7チャクラ	サハスラーラ・チャクラ	パープル	頭上	智慧、自己認知

チャネリング

神様や精霊など高次元の存在とつながり、交信を行うことです。交信の対象は、宇宙の存在や**アセンデッドマスター**(p162)、先祖や有名人など、チャネリングをする人によって様々です。

直感

ものごとを感覚的に瞬時に感じとる力のことです。日常生活で、「勘が働く」「ヤマ勘」「虫の知らせ」などと表現される概念のことです。

直観

五感(目、鼻、口、耳、触)を通さずに対象や本質を感じとることです。様々なとらえかたがある言葉ですが、本書では「直感」で受けとったインスピレーションを「思考」によって考え、その先におとずれるより深いインスピレーションのことと定義しています。

ディーバ

サンスクリット語で「神々」の意味です。世界を動かす大きな摂理の一部、という意味もあります。

デッキ

オラクルカードと解説がセットになったひとまとめの状態のことです。解説がない場合はカード一式を指します。

トライアード

宇宙からの純粋無垢な魂のことです。トライアードと対になる概念として「ダイアード」があり、こちらは物理的な肉体がもつ意識とされています。人間は、トライアードとダイアードとがひとつになってつくられる、と説明されることが多いようです。

は

ハーモニクス

対立するもののバランスをとり、調和させることです。「スピリチュアルと現実」「魂と肉体」「精神世界と物質世界」などのどちらかにかたよらず、それぞれの中庸をとることの大切さがスピリチュアルの世界では広く説かれています。

バイブレーション

※波動（p177）を参照。

ハイヤーセルフ

「高次の自己」ともいわれ、スピリチュアル（霊的）な自分自身のことです。私たちが生きている「物質的な世界」をはるかにこえた霊的な次元で、私たちを導いてくれる存在といわれています。私たちは「ハイヤーセルフ」を意識して生活すれば、スピリチュアルな視点で日々を送ることができるはずですが、私たちの意識は肉体という不自由できゅうくつな入れ物に入っています。そのため、「心が苦しい」「体の調子が悪い」など、どうしても肉体にフォーカスして生活してしまいがちです。しかしハイヤーセルフに意識を向けることで、肉体だけではない、本来の自分のありかたにフォーカスすることができるといわれています。

バクティ

サンスクリット語で「信愛」を意味する言葉です。この世界の最高の存在を深く信仰し、よりどころにすること、またはその行いのことです。

波動

あらゆるものが発しているといわれる**エネルギー**（p165）のことを指します。この世界に存在するすべてのものは、エネルギーをもつといわれます。それは「振動」と表現されたり、「オーラ」や「力」といった言葉でも表現されたりする、現代の科学では解明しきれない概念です。このエネルギーが外側に伝わるとき、波状に変化するといわれています。これが、波動（波の動き）と呼ばれるものです。人間や動植物、ものや場所にいたるまで、あらゆるものが波動を発しているといいます。波動には、海の波と同じように高いものから低いものまであるといわれ、同じ領域のものが引き合うと説明されています。また、自分自身を「よい波動」の状態にしておくことが大切とされ、そのためのセルフケアの方法も数多く提唱されています。

ヒーラー

治療をする人全般を指す言葉です。とくに、スピリチュアルの分野においては、目にみえない領域（エネルギー、霊力）の治療をする人に対してつかわれることが多いようです。

ヒーリング

私たちがもともともっている生命力や治癒力を引き出すことで、心身の不調和やストレスなどからの回復を目的とする技術、または、それをもちいた施術一般のことです。肉体への働きかけを目的としたものや感情や心にフォーカスしたものなど、ヒーリングの技法は多岐に渡ります。目にはみえないエネルギーを整えたり、離れた相手に遠隔で技法を提供する**ヒーラー**（p177）もいます。

スピリチュアル用語ガイド

ビジュアライズ

私たちの五感(目、耳、鼻、口、触覚)で知覚できないことを、イメージの力で具体的に思い起こすことです。

フラクタル

一部分が全体と自己相似的な構造を持っている図形のことです。もくもくとわきあがる雲や海岸線、アンモナイトの断面など、自然界にある複雑な形状にみられます。

フラワーオブライフ

古代から様々な文明で用いられてきた神聖な幾何学模様のことです。宇宙の創造や生命の根源、この世界の森羅万象が表現されているといわれています。

別次元の存在

私たちが生活する次元とは、別の次元にいる存在のことです。オラクルカードでは人間より高い次元にいる存在として、神、仏、精霊、宇宙人、**アセンデッドマスター**(p162)などが挙げられることが多いようです。

ペルソナ

人間の「外的な側面」のことです。「まわりの人にみせる自分」「役割を演じている自分」と表現されることもあります。心理学者のユングによって提唱された概念で、元来の意味は、古代ローマ時代に演劇でつかわれていた仮面のこと。私たちは「内的な側面」(本来の自分)とは別の仮面(ペルソナ)をかぶりながら、社会を生きているといわれています。

本当の自分・本来の自分

この言葉は、つかう人により、大きくふたつに分類できます。

① **目指すべき対象としての「本当の自分」**
自分の外側にあって、実現したり、叶えたりする対象のことです。その対象は、夢、目標、**ヴィジョン**(p164)など具体的なイメージをともなうこともあれば、「今はみつかっていないけど、どこかにあるはず」と概念だけがばくぜんと存在していることもあります。多くの場合、「本当の自分」は「現在の自分」と対比されてとらえられ、

「本当の自分」がどこか未来にあって、「現在の自分」はそこに届いていない（もしくは向かっている途中）状態であるとされ、多くの人にとって「本当の自分」こそが、人生を通して実現させたい理想であり、そこに近づいていくためのヒントを得るためにオラクルカードがつかわれます。

【カードへの質問例】

「本当の自分」を知るためのヒントはなんですか？

「本当の自分」になるために、今の私になにが必要でしょうか？

「本当の自分」になることを邪魔する要因はなんでしょう？

② 知るべき対象としての「本当の自分」

自分の内側にあって、気づいたり、理解したりする対象のことです。外側に対象を求めるのではなく、自分の内側に「本当の自分」が存在すると考えます。自分のなかに確固としてある「本当の自分」は輝きを放ち、それに従えば、自分らしく生きられる、ととらえられています。私たちは社会生活を送るなかで「他人からみた自分」（ペルソナ／p178）がつくられます。そして、「本当の自分」をないがしろにして生き続けると、「本当の自分」がどこにあるのかわからなくなってしまうと説明されます。人間関係のいざこざ、生きていて感じる違和感や虚無感などを通して、人は「本当の自分」に思いを巡らせるようになるとされます。

【カードへの質問例】

「本当の自分」であることを阻害している要因はなんでしょうか？

阻害している要因をどのようにしたら取り除けるでしょうか？

「本当の自分」がこの世界で表現したいことはなんでしょうか？

マトリックス

もともとは「生み出す基盤となるもの」を意味するとされています。現在は、映画「マトリックス」の影響もあり「仮想現実」を指す場合が多いようです。

マントラ

宇宙や神に対する祈りを象徴的にあらわしたサンスクリット語の言葉です。日本では、「真言」といわれます。

メディスンウーマン

ネイティブアメリカンの世界で、儀式や預言、ハーブなどの薬草を通して心や肉体のケアをする人たちを指します。部族内では知恵をもつ人としてとらえられ、多くの人の生きるよりどころになっていたといわれています。

メディスンホイール

「生命の輪」ともいわれます。世界中のネイティブ文化で、様々な形態でみられる「聖なる輪」のことです。

メディテーション

瞑想のことです。カードを引く前に心をクリアにする目的で瞑想を行うことが、多くの著者によって提唱されています。

ユニバーサルマインド

世界に充満する魂を指します。人間の肉体に魂が入っている状態（インディビジュアルマインド）と対比される概念です。

ライトワーカー

目にはみえない世界を伝え、多くの人を助けるために生まれてきた魂のことです。スピリチュアルな活動をする人全般を指してつかわれることが多いようです。

リフレーミング

できごとやものごとへの解釈を、いままでとは違ったみかたをすることです。英語の「re／再び」と「framing／視点」を組み合わせた言葉で、心理学やセラピーではよくつかわれます。悩んだりあせったりといった状況に直面すると、私たちは独自の視点にこだわってしまい、「視野が狭くなる」「ひとりよがりになる」ということが起こりがちです。そこで世界のみかたをかえるのが、リフレーミングです。通常は、セラピストや**ヒーラー**(p177)との対話を通して行いますが、オラクルカードをくりかえしてつかうことで、ひとりでもリフレーミングができるようになります。

ルーン文字

ゲルマン民族によってつくられたといわれる、古い文字体系のことです。石や木、動物の骨に刻まれて魔除けや祈願につかわれていたといわれています。この文字をつかった占いは「ルーン占い」と呼ばれます。

レインボーチルドレン

インディゴチルドレン(p164)、**クリスタルチルドレン**(p169)と同様、地球を次元上昇させる目的で生まれてきた子どもです。とくに、2005年以降に生まれた子どもにこの呼びかたがつかわれます。レインボーのオーラをまとっているともいわれます。

レムリア

かつて存在していたといわれる古代文明です。人間の意識が五次元にまで達し、愛と調和に満ちた世界だったといわれています。現在の太平洋に存在していたものの、大洪水にみまわれて一瞬にして沈んでしまったと語りつがれています。レムリアの時代にあこがれをもつ人は多く、レムリア時代の記憶をもっているという人も少なくありません。

ワーク

スピリチュアルな領域へと自分を開いていく、活動や取り組みのことです。心にフォーカスしていくワーク（瞑想など）、イメージの力を使うワーク（催眠療法など）、音の力を使うワーク（マントラなど）など、様々なワークが提唱されています。体験を重視することと、自分の内側に意識を向けることが大切とされ、自分なりの気づきを得ることが目的とされることが多いようです。「ワークショップ」と同じ意味合いで使われることもあります。

ワンネスの意識

世界のすべてがひとつの大元とつながっている、という考えかたや感覚のことです。「すべてはひとつ」「すべてはつながる」などと表現されることも多いようです。

オラクルカードの
Q&A

オラクルカードをつかううちに、迷いが生まれることもあります。
「読み解きが上達しない」「こんなとき、どのようにしたらいい?」などの疑問から
「自分でカードをつくってみたい」と新たな望みが生まれることも。
カードにもっと詳しくなりたい、自分だけでなく誰かのためにも
カードをつかっていきたい人の質問をまとめました。

Q どれくらいの オラクルカードがあるの?

A 現在までに、700～800種類の日本語版オラクルカード、数千種の海外版カードが出版されているようです。正確な数ではない理由は3つあります。ひとつ目は、新たなオラクルカードが次々と誕生しているからです。そのため、正確な数をカウントするのが困難なのです。ふたつ目は、個人が出版しているカードが数多く存在するからです。少部数で印刷された珍しいものなども含まれます。3つ目は、日本に情報が入ってきにくい国のオラクルカードもあるからです。インターネットがこれほど身近になった現在でも、こうした国のカード情報はほとんど伝わってきていないのが現状です。あなたの目にとまったオラクルカードは、世界に数あるなかのたったひとつです。「どんなカードと巡り合うか」からすでにオラクル(神託)ははじまっているのです。

Q タロットカードとの違いって なに?

A タロットカードは、「占い」につかうアイテムです。占いは、「あの人は私のことをどう思っている?」「転職した会社には将来性がある?」など、人の気持ちや未来について見立てを行うこと。タロットカードは通常、78枚か22枚のカードで構成され、カードに描かれるモチーフに一定の決まりがあることがほとんどです。
一方、オラクルカードは、「オラクル(神託)」を授かるアイテムです。「今の自分に大切なヒントをください」「この問題について、アドバイスをください」といった具合に、メッセージを受けとるのに適しています。カードの枚数に決まりはなく、描かれるモチーフも作者によって異なります。
近年では、タロットカードとオラクルカードが融合したカードが誕生したり、オラクルカードをつかって占いをする人もいたりするなど、ふたつのカードが明確に分けられていない場合もあります。

Q カードはどのように選ぶのがよい?

A カードを選ぶのに大切なのは、まずは自分の直感です。直感は、あなたを導いてくれる不思議な力。
「なんとなく気になった」「パッケージの絵がきれい」「タイトルが好み」など、インスピレーションで選ぶのがよいでしょう。
本書で紹介した心理テストで今の気持ちを探り、あなたのタイプに合ったパートナーカードを選ぶのも一案です。
決められないときは、人気があるオラクルカードを選ぶことをおすすめします。多くの人が手にとるということは、魅力があるということです。レビューを参考にしたり、お店のスタッフに聞いたりして、多くの人が関心を寄せているカードをチェックしてみましょう。

Q 何種類かカードをもっていても大丈夫?

A 大丈夫です。「その日の気分によってつかうカードをかえる」「質問をする内容によってカードをかえる」というのは珍しいことではありません。いくつかのカードをつかいわけることにより、それぞれのカードの強みや特長を感じられるメリットがあるでしょう。
人の悩みをカードで読み解く際に、相手に合わせてカードを選ぶのもおすすめです。「西洋のカードよりも、日本のカードをつかったほうがいいかな」「ファンタジー系のカードが似合いそう」という具合に、カードを選ぶときから相手のことを思い浮かべて。

Q オラクルカードはどこで購入できる?

A 全国各地にあるオラクルカードとりあつかい店で購入することができます。量販店、天然石をあつかう店、占いサロン、スピリチュアルグッズ専門店、書店など様々なショップで販売されています。
実店舗の場合、カードの実物を手にとって確認できるので安心です。また、ショップのスタッフにアドバイスを聞きながら購入できるのも心強いでしょう。
インターネットでもオラクルカードは購入できます。大手サイトを中心に数多くのショップがカードをとりあつかっています。なかには、オラクルカードの専門サイトもありますので、見比べて選んでみるとよいでしょう。
「オラクルカード掲載協力店リスト」(p189)も参考にしてみてください。

Q オラクルカードにはどのような歴史があるの?

A 諸説ありますが、1970年代に誕生した「ダキニオラクル」が、オラクルカードのはじまりといわれています。インドの神であるダキニ天がモチーフのカードというところがユニーク。
その後、エンジェルなどをモチーフとした様々なカードが生み出され、1990年代の後半から西洋を中心に爆発的なブームとなりました。
日本では、オラクルカードは2000年ごろから登場します。当初は、海外で流行しているカードを翻訳したものが中心でしたが、次第にオリジナルのカードが誕生しています。

Q オラクルカードを購入するときに 気をつけることは？

A 信頼できるショップで購入することが大切です。とくに、インターネットでは手にとってみることができないので、慎重に選びましょう。

近年、不正に制作された海賊版オラクルカードが販売されています。実際のカードに比べて小さいサイズで、印刷が鮮明でなかったり、カード自体も傷つきやすかったり、なにより解説が付属していないことがほとんどのようです。

海賊版のカードを手にとった人の多くは、「セールでもないのに安かった」「なぜか匿名の取引だった」「カード紹介の日本語がおかしかった」など、購入時に違和感を覚えたようです。

こうしたカードを誤って手にしないためにも、ショップ選びは重要です。販売者の情報が明記されている、問い合わせにきちんと答えてくれる、不良品だった場合交換できるなど、信頼できるショップかどうかをみきわめましょう。

Q 解説に書いてある内容と 直感で受け取った メッセージが違う……。

A 直感で受けとったメッセージが、解説に書かれている内容と反対だった！　こんなとき、初心者の場合、混乱してしまいますね。

気をつけたいのは「どちらが正しい、正しくない」と判断をしないことです。思考（理屈）に偏った状態になってしまい、直感やインスピレーションの扉が閉じてしまうからです。

直感で受けとったメッセージ、解説に書いてあるメッセージ、どちらもカードへの質問に対する解決のヒントと受け入れてみてはどうでしょう？

私たちが人に相談するときも、人によってアドバイスは違います。これと同じで、カードによって様々なもののみかたがある、ととらえるとよいでしょう。

Q メッセージがどうしても 納得できない！

A カードを引くだけで一気に解決の道筋が出てくることもあるのがオラクルカード。

とはいえ、「どうしてもしっくりこない」「なんだかあいまいなメッセージだった」ということもよくあります。「このカードはなにを伝えたいの？」と疑問に思うことや、質問に対して答えになっていないように感じるときも。これらも「オラクル」である、ととらえてみてください。

私たちは腑（ふ）に落ちることや納得することを、よいことだと思ってしまいがちですが、オラクルカードはときに「私たちの世界のみかたこそが問題だ」と伝えてくれることもあります。

こうした場合、あいまいだったり、はっきりしなかったりするメッセージになることも多いようです。

Q オラクルカードが日本でも受け入れられたのはどうして？

A 日本にはもともとオラクル（神託）の文化がありました。神社のおみくじは、和歌を通して受けとるオラクルです。迷ったときによくするあみだくじや、えんぴつを転がすことも立派なオラクルといってよいでしょう。

日本神話には、神々からオラクルを受けとるシーンが数多くえがかれています。迷ったときに「天の神様のいうとおり」と唱えたことのある人も多いのではないでしょうか。

オラクルを受けとる文化は、ごく自然に私たちの身のまわりに存在していたことが、日本で広く受け入れられた理由といってもよいかもしれません。

Q オラクルカードの講座に参加したほうがよい？

A カードの読み解きは誰にでも備わっている力をつかうことです。講座に参加しないとできない、ということはありません。

ただ、講師のデモンストレーションを体験したり、受講者と読み解きの実習をしたりする経験は、きっと読み解きの力をアップさせるでしょう。

仲間との出会いも、講座に参加するメリットといえます。

カードの著者やイラストレーターの話が聞けるチャンスがあればラッキー。カードがつくられた背景や、こめられた意図などを制作者から聞くことは、カードとのつながりを強めてくれます。

Q カードの著作権について注意点があれば教えて！

A 過去にカードの著作権を巡って問題となったケースを紹介します。注意や警告の対象になりますのでくれぐれも注意しましょう。

✽ カードをスキャニングする

カードをスキャニングしてデータ化することは、著作権で厳しく禁じられています。カードの解説テキストをつくる、カードを大きくしたパネルをつくるといった行為は著作権者の許可が必要になり、無断で行ってはいけません。

✽ カードをつかって新たなコンテンツをつくる

カードをつかった無料の占いウェブサイトをつくる、Bot機能をつかってSNSに毎日の占いを自動配信するなど、カードをつかって新たなコンテンツをつくることは禁じられています。

✽ 外国版のカードを翻訳し、日本語ガイドブックをつくる

日本語訳したものを個人で楽しむのはかまいませんが、第三者に提供、販売する場合には出版元との正式な契約が必要になります。

✽ カードの複製版をつくる

無許可で出版されているオラクルカード、つまり海賊版カードにはとくに注意が必要です。製作することはもちろん、海賊版と知りながら流通させること、海賊版と知りながら購入することも禁止されています。

Q 手に入れたものの
自分には合わなかったカードはどうしたらよい?

A 合わないカードがあった場合は、工夫してつかい続けるか、カードを手放すか、ふたつの選択肢が考えられます。

人間関係でも、つきあっているうちに、その人のよさがわかってくるということがあります。オラクルカードも同じようなものと考えてみましょう。すぐに判断をするのではなく、長期的につきあってみることで、カードの様々な部分がみえてくるかもしれません。

カードを手放したいという人には、各地で開催されているオラクルカード交換会(通称: ペイフォワード会)をおすすめします。

合わなかったカードやつかわなくなったカードを手放し、新たなカードとの出会いを求めるイベントとして人気があります。郵送でも受付をしているので、活用してみるのも一案です。

ペイフォワード会　http://payforward.visionary-c.com

Q カードは定期的に
浄化したほうがよい?

A オラクルカードはつかっているうちに不要なエネルギーが付着するため、定期的に浄化する必要があるという人もいますが、カードの浄化は、つかう人の考えかたや気分によるところが大きいようです。カードは浄化すべきという思いこみで行う必要はありません。

「カードをつかっていて、なんとなく違和感を感じる」「満月にあわせてカードをリフレッシュさせたい」などと感じたら、浄化するとよいでしょう。

浄化の方法は様々ありますが、

✱ **カードを1枚ずつ、ハーブのセージをたいた煙にくぐらせる**

✱ **カードを月の光にあててひと晩置く**

✱ **カードの上にクリスタルを置く**

などが、手軽にできる方法として広く実践されています

Q 中古のオラクルカードを
つかってもよい?

A 環境保全などの理由でリサイクル品の活用が一般的になってきていますが、オラクルカードの世界でも中古市場がにぎわっています。

「定価より安価で手に入れられる」「絶版になったものが手に入る」「海外のめずらしいカードがみつかる」などよいこともあります。

一方で、カードは新品にかぎるという人もいるでしょう。カードをつかう人の考えかたや気分で選んでかまいません。

中古カードのなかには、新品と間違えるほど質のよいものもたくさん流通しています。よい、悪いではなく、新たなカードと出会うチャンスとして、中古カードをとらえてみてもよいでしょう。

Q 読み解きの際に
専用のクロスは必要？

A リーディングクロスを敷くことは、目にはみえない神託を授かる聖域をつくりだすこと。できれば使用したほうがよいでしょう。普段食事をしたり、仕事をしたりしている机も専用のクロスを敷くだけで、読み解きを行う空気が生まれます。

クロスを敷くもうひとつの理由は、カードの傷みを防ぐためです。クロスをつかうことで、汚れなどを防ぐことができます。クロスは、専用のものがたくさん発売されています。カードがなめらかにすべるベルベット製、国産の麻でできたもの、カードとセットになった絵柄がほどこされているものなど、カード同様に選ぶ楽しみもあります。

気に入った布やハンカチでもOK。その場合は、カード専用にしておきましょう。

Q オラクルカードは
どのように保管すればよい？

A オラクルカードは紙製のものがほとんどです。そのため、湿気を吸ったり、直射日光で変色したりすることがあります。また、香りが強い空間に置いておくと、カード自体ににおいがついて、読み解きに集中しにくくなることも。

いちばんよいのは、カードごと専用のポーチか布に包んで湿気、直射日光、香りを避けて保管することです。

また、手指のあぶらなどがカードにつき、そこから汚れやシミの原因となることもあります。カードが汚れたら、やわらかい布などで拭きとっておくことも大切です。

Q SNSや動画でカードの画像をアップしてもよい？

A カードや解説を制作した人や、発行元がもつ権利のことを「著作権」といいます。オラクルカードにもこの著作権がありますので、著作権者の許可なしにカードをつかうことは法律で禁じられています。

ただ、近年はSNSで様々な情報が発信されるようになりました。こうした時代の流れにともなって、作者や発行元もカードの使用に対して、柔軟な姿勢を示していることもめずらしくありません。

気になったら、カードを発行した会社に問い合わせるとよいでしょう。発行元はパッケージや解説に記載しているのが一般的です。発行元によっては、カード使用に対してガイドラインをホームページに掲載しているので、調べてみましょう。

Q 自分でオリジナルカードをつくることはできる？

A オリジナルカードを制作するステップとポイントを紹介します。

POINT 1　大まかなステップをつかみましょう

STEP (1) 企画を立てる

最初に、どのようなカードにしたいかを決めます。つくる目的、特徴、枚数や大きさなどです。企画書としてまとめるとよいでしょう。

STEP (2) メンバーの選定をする

制作メンバーを決定します。メッセージをつくる著者と、イラストレーターまたはカメラマンが組むケースが多いようです。

STEP (3) 制作がスタート

著者はメッセージを考え、イラストレーターがイラストを描きます。写真をつかう場合もあります。もっとも重要で時間がかかる段階です。

STEP (4) デザインをする

印刷するために
* カードのパッケージ
* カードの表面および裏面
* 解説
などをデザインします。

STEP (5) 印刷を行う

完成したデータを印刷会社に渡します。しっかりチェックして必要な修正を行い、印刷します。

STEP (6) プロモーションをする

SNSやブログでの告知、販売サイトへの登録、講座の開催など、多くの人に手にとってもらうプロモーションを行います。

POINT 2　全体のコストをつかみましょう

費用がいくらかかるか見当がつかないと不安になりますね。企画とメンバーが決まったら、コストを試算してみるとよいでしょう。おもな費用は
* 著者やイラストレーターのギャランティ
* デザイナーに支払うデザイン料
* 印刷会社に支払う印刷費
などです。早い段階で見積もりをとるとよいでしょう。

POINT 3　経験者や制作会社の意見を聞きましょう

「印刷コストを抑える工夫はできる？」「どこに販売をお願いしたらいい？」など制作途中に様々な心配や疑問が生まれることもあります。こうしたことは、カードをつくったことのある経験者や制作会社に相談してみてもよいでしょう。

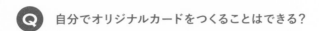

オリジナルカードを制作したい人の完全ガイド

**オリジナル
オラクルカード・タロットカード
企画出版 Q&A**

「部数は？」「カードの枚数は？」「イラストレーターはどう探す？」など、オリジナルカード制作でよくある30の質問にこたえたガイドブックです。

著者：大塚和彦
（株式会社ヴィジョナリー・カンパニー代表）
内容：40ページ　オールカラー
サイズ：A5判

無料で届くので、検索して！

オラクルカード
★
＼ 掲載協力店リスト ／

本書で掲載した全30種のオラクルカードの制作および発行所の一覧です。
お問い合わせの際には電話番号をよくお確かめのうえ、おかけ間違いにご注意ください。

p18 カラー・カード
**　　色に隠された秘密の言葉**
発行／株式会社ナチュラルスピリット
https://www.naturalspirit.co.jp/
〒101-0051東京都千代田区神田
神保町3-2高橋ビル2階
☎03-6450-5938（平日10:00〜
18:00）

p20 アロマフェアリーカード
p36 奥平亜美衣のあなたが本当に
**　　幸せになる引き寄せカード**
発行／株式会社ヒカルランド
https://www.hikaruland.co.jp/
〒162-0821東京都新宿区津久戸
町2-11 飯田橋TH1ビル6F
☎03-6265-0852（平日10:00〜
17:00）

p22 アカシックレコードカード
p24 インナーチャイルドカード
p40 ギャラクシーオラクルカード
p46 シャドウ＆ライトオラクルカード
**　　＜レッドエディション＞**
p52 日本の神様カード
p54 日本の密教カード
p56 日本の妖怪カード
p60 バガヴァッドギーターカード
発行／株式会社 ヴィジョナリー・カン
パニー
http://company.visionary-c.com
〒111-0052東京都台東区柳橋
1-30-5 ドヌール柳橋弐番館2F
☎03-6380-5550（平日10:30〜
18:00）
info@visionary-c.com

p26 ウィズダムオラクルカード
p30 エンジェルアンサーオラクルカード
p32 エンジェルオラクルカード
p42 サイキックタロットオラクルカード

p44 ザ・マップオラクルカード
p48 スピリットアニマルオラクル
p58 ネイティブスピリットオラクルカード
p62 パスオブザソウル
**　　〜運命のオラクルカード〜**
p72 ワークユアライトオラクルカード
p74 ワイルドアンノウンアニマルスピリット
p76 ハウトゥラブユアセルフカード
発行／株式会社JMA・アソシエイツ
http://light-works.jp/
〒141-0031東京都品川区西五反
田2-23-1スペースエリア飯嶋1F
☎03-5437-0862
※アナウンスが流れる場合がござい
ます。ウェブサイト内「お問い合わせ
フォーム」よりご質問ください。

p28 歌占カード 猫づくし
発行／株式会社 夜間飛行
https://yakan-hiko.co.jp/
〒151-0051東京都渋谷区千駄ヶ
谷3-13-22-606
ad@yakan-hiko.co.jp

p34 エンジェルプリズムカード
発行／エンシェラート
発売／観稀舎
https://ancilart.thebase.in/
〒133-0056東京都江戸川区南小
岩7-4-2
☎03-5668-3094（10:00〜
17:00）
miki-okuda@mti.biglobe.ne.jp

p38 カエルカード
発行／アトリエ・クスケーニャ
〒110-0003東京都台東区根岸
3-15-12-1002
☎03-4296-8127※留守番電話に
なる場合があります。
cus@japan.email.ne.jp

p50 Drチャック・スペザーノの
**　　セルフ・セラピー・カード**
発行／株式会社VOICE
https://www.voice-inc.co.jp/
〒106-0031東京都港区西麻布
3-24-17 広瀬ビル2F
☎0120-05-7770（9:30〜17:00）

p64《プトレマイオス式》
**　　星座オラクルカード**
発行／株式会社 河出書房新社
https://www.kawade.co.jp/
〒151-0051東京都渋谷区千駄ヶ
谷2-32-2
☎03-3404-1201
（営業／平日11:00〜15:00）
info@kawade.co.jp

p66 Flower message Oracle
**　　Card**
発行／沁
shop https://floweroracle.base.
shop
e-mail floweroracle.shin@gmail.
com
Twitter @ FlowermessageO

p68 レインボーエンジェルズ
**　　クリスタルカード**
発行／株式会社ダイナビジョン　レ
インボーエンジェルズ
https://www.rainbowangels.jp/
〒153-0051東京都目黒区上目黒
2-25-10
☎03-3791-8465

p70 ロータスカード
発行／株式会社 林武利
〒141-0031東京都品川区西五反
田2-23-1 スペースエリア飯嶋1F
seminar@betarsession.com

掲載のデータは2021年7月現在のものです。

オラクルカードは
想定外の世界への扉でした

オラクルカードとの出会いは、2001年の秋。起業して一年目のことでした。

まだ、「スピリチュアル」という言葉が一般的でなく、「精神世界」や「ニューエイジ」といわれていた時代。オラクルカードは、情報に敏感な一部の人がつかう、知る人ぞ知るカードでした。

当時、広告制作の仕事をしていた私に「日本語版オラクルカードを制作したいので協力してほしい」と打診があったこと。それがカードとのご縁のはじまりです。

その後、運命は想定外の世界へと私を運んでくれました。

カードの制作が一段落したころ、カードを販売してくださるお店の開拓を依頼されました。天然石のお店や占い館へ営業をくりかえし、カードの魅力を一軒一軒伝えていきました。

ついで、海外のカード事情をみたいと思い立ちます。

ヨーロッパやアメリカなどカード先進国を視察し、その結果、オラクルカードは日本でももっと人気が出る、とヴィジョンがかたまりました。

さらに、世界に通用するカードをつくりたいとヴィジョンがやってきました。それから制作にかかわったカードは60作あまり。なかには、海外で高い評価をいただくカードも誕生しました。

気がつくと、創業時には想定していなかった未来が広がっていました。

私にとってのオラクルカードは、自分のこりかたまった世界のみかたをかえ、自由自在なありかたへと誘ってくれるツールです。

「私はこうでなければならない」「あの人はこうあるべきだ」といった論理的な思考が、社会を生きるための武器になることは確かにあります。

ただ、人間の心はコントロールしにくいもの。こうした考えかたがときとして、刃として自分に向いてしまうことがあります。そして、私たちはそのループのなかでもだえ、苦しみます。このような自分に新たな視点を与えてくれるのがオラクルカードです。

「今の自分にぴったりのメッセージが出て驚いた」
これはカードリーディングの醍醐味でしょう。

加えて、想定外のメッセージが出たときも、じっくりカードと対話していただきたいのです。

目の前に広がるカードは、

今の自分は気づいていない未来
今の自分にはわかっていない役割
今の自分に開かれていない可能性

など、「想定外の自分」がちょっとだけ姿をあらわした兆しかもしれません。
「想定外の自分」と出会えるからこそ、人生は喜びに満ちている。

みなさんにとってカードとの出会いが、価値あるものになりますように。

株式会社ヴィジョナリー・カンパニー代表
大塚和彦

LUA

大人向けから子ども向けまで、著書多数。『78枚のカードで占う、いちばんていねいなタロット』（日本文芸社）を筆頭に、タロットシリーズが大好評！　占いやおまじない、心理テストなどの執筆・監修を手がける。
http://www.luaspider.com/

大塚和彦
株式会社ヴィジョナリー・カンパニー代表

2001年、ヴィジョナリー・カンパニー社を創業。カード専門会社として、「日本の神様カード」など、60作近くのカード企画にたずさわる。2021年、カード文化の普及の場として「タロット＆オラクルカード博物館」を開設、カードに関係する講座講師としても活動中。
http://company.visionary-c.com/

いちばんていねいな、オラクルカード

2021年9月1日　第1刷発行

著　者	LUA （るあ） 大塚和彦 （おおつかかずひこ）
発行者	吉田芳史
印刷所	株式会社光邦
製本所	株式会社光邦
発行所	株式会社日本文芸社
	〒135-0001 東京都江東区毛利 2-10-18 OCM ビル
	TEL 03-5638-1660 （代表）

Printed in Japan 112210819-112210819 Ⓝ 01 （310068）
ISBN978-4-537-21915-9
URL https://www.nihonbungeisha.co.jp/
Ⓒ 2021　LUA / Kazuhiko Otsuka

装丁・本文デザイン	橋本綾子
イラスト	八幡瑛子
DTP	苅谷涼子
編集協力	山室景志郎（株式会社ヴィジョナリー・カンパニー）
	長澤慶子、野村彩乃、加藤ゆりの、仲川祐香（株式会社説話社）
	星野りかこ

内容に関するお問い合わせは小社ウェブサイトお問い合わせフォームまでお願いいたします。
ウェブサイト　https://www.nihonbungeisha.co.jp/